Jay E. Adams

Seelsorge mit der Bibel

Eine praktische Anleitung

„Ich bin am Ende"

Biblische Prinzipien
der Seelsorge
in akuten Krisenfällen

BRUNNEN VERLAG GIESSEN/BASEL

ABCteam-Bücher erscheinen in folgenden Verlagen:
Aussaat- und Schriftenmissions-Verlag Neukirchen-Vluyn
R. Brockhaus Verlag Wuppertal
Brunnen Verlag Gießen (und Brunnquell Verlag)
Christliche Verlagsanstalt Konstanz
(und Friedrich Bahn Verlag/Sonnenweg Verlag)
Christliches Verlagshaus Stuttgart
(und Evangelischer Missionsverlag)
Oncken Verlag Wuppertal und Kassel

Seelsorge mit der Bibel
Originaltitel: „The Use of the Scriptures in Counseling"
© 1975 by Jay E. Adams
Aus dem Amerikanischen übersetzt von Lotte Bormuth

„Ich bin am Ende"
Originaltitel: „Coping with Counseling Crises",
Presbyterian and Reformed Publishing Company, Nutley, N. J.
© 1976 by Jay E. Adams
Aus dem Amerikanischen übersetzt von Hilary Leyton

CIP-Titelaufnahme der Deutschen Bibliothek

Adams, Jay E.:
Seelsorge mit der Bibel: e. prakt. Anleitung / [aus d.
Amerikan. übers. von Lotte Bormuth]. „Ich bin am Ende":
bibl. Prinzipien der Seelsorge in akuten Krisenfällen / [aus d.
Amerikan. übers. von Hilary Leyton]. Jay E. Adams. –
1. Gesamtausg. – Giessen; Basel: Brunnen-Verl., 1988
(ABC-Team; 3914)
Einheitssacht.: The use of the Scriptures in counseling <dt.>
Einheitssacht. d. beigef. Werkes: Coping with counseling crises <dt.>
ISBN 3-7655-3914-7
NE: Adams, Jay E.: [Sammlung <dt.>]; GT

1. Gesamtausgabe 1988

© 1978 Brunnen Verlag Gießen
Umschlaggestaltung: Martin Künkler
Herstellung: Ebner Ulm

Jay E. Adams

Seelsorge mit der Bibel

Eine praktische Anleitung

Inhalt

Die Bibel als Grundlage

Die christliche Seelsorge muß sich an der Bibel orientieren[1]

Viele meinen, es könne nicht allzu schwer sein, ein guter Seelsorger zu werden. Aber glauben Sie mir, es ist schwer. Die Widerstände gegen eine biblische Seelsorge sind außerordentlich stark.

Einige, die zu Ihnen in die Seelsorge kommen, werden zu rebellieren beginnen, wenn Sie die Bibel als Grundlage Ihrer Seelsorge verwenden. Als Sünder (und wir sollten nicht vergessen, daß auch Christen sündigen) wollen sie einen leichteren Weg gehen und den Willen Gottes, wie er uns in der Bibel mitgeteilt ist, nicht ohne weiteres akzeptieren.[2] „Sie sind zu hart und gesetzlich!" wird man Ihnen vorwerfen. Aber biblische Seelsorge wird oft hart sein müssen. Der Tod Jesu Christi war nötig, um unsere Probleme zu lösen.

Oft kommen z. B. jammernde Eltern mit ihrem rebellierenden Sohn, den sie offensichtlich falsch erzogen haben, und sagen: „Kümmern Sie sich um ihn. Sie müssen ihm helfen, mit seinen Problemen fertigzuwerden." Wenn Sie den Eltern antworten: „Sie können die Verantwortung nicht einfach ab-

---

1 Die ersten sechs Kapitel dieses Buches habe ich als Vorlesung im Dallas Theological Seminary gehalten. Für dieses Buch habe ich sie noch einmal überarbeitet und durch einige Kapitel ergänzt; der ursprüngliche Vorlesungsstil wurde jedoch größtenteils beibehalten.

2 Das ist ein Hauptgrund, weshalb die Menschen in Schwierigkeiten geraten und Seelsorge brauchen.

schieben, und es kostet Sie mindestens sechs bis acht Wochen harter Arbeit, ein neues Vertrauensverhältnis zu Ihrem Sohn aufzubauen", werden sie kaum begeistert sein. Oft laufen sie dann lieber zu Glaubensheilern, Exorzisten und zu Menschen, die sich für begnadet halten, besondere Weisungen und Offenbarungen Gottes zu empfangen; zu solchen, die ausschließlich ihre Erfahrung zum Maßstab machen und die Bibel wie ein Zauberbuch gebrauchen.[3] Auch vom Seelsorger erwarten sie, daß er ein Allheilmittel parat hat, das augenblicklich und ohne Mühe hilft.

Es ist gar nicht so einfach, sich den Forderungen der Ratsuchenden zu widersetzen und nach biblischen Grundsätzen zu handeln. Deshalb sollten Sie den Menschen, die zu Ihnen in die Seelsorge kommen, von vornherein folgendes klarmachen: Man wird nicht von heute auf morgen die Probleme lösen, so sehr man sich das auch wünschen mag, und man wird sie nie lösen ohne die volle Mitarbeit des Ratsuchenden.

Eine andere Tendenz, die die biblische Seelsorge erschwert, ist die Wissenschaftsgläubigkeit vieler Menschen. Sogar Gemeindeglieder, Älteste, Kirchenvorsteher und Kollegen raten dem christlichen Seelsorger ab, sich zu sehr auf die Bibel zu stützen. Man sagt ihm, eine theologische Ausbildung reiche für die Seelsorge nicht aus, er müsse erst noch einige Semester Psychologie studiert haben, um überhaupt damit beginnen zu können.[4] Oder noch direkter: Er solle seine arroganten und unzureichenden biblischen Vorstellungen über Bord werfen. „Denken Sie doch bitte an den Schaden, den Sie anrichten!"

Es wäre verhängnisvoll, wenn Sie aus meinen Worten nun den Schluß zögen, biblische Seelsorge sei bequem zu handhaben und erfordere wenig an Fleiß und harter Arbeit. Was verstehen wir also unter biblischer Seelsorge?

---

3 Ein zunehmendes Problem in unserer Zeit, in der der Mensch für mystische und gefühlvolle Dinge offen ist.

4 So erging es mir selbst. Vgl. „Befreiende Seelsorge", S. 1—16.

Wir verstehen darunter Seelsorge, die

- ● motiviert ist durch die Heilige Schrift
- ● sich in den Voraussetzungen auf die Schrift gründet
- ● in Vorgehen und Zielsetzung durch die Schrift bestimmt ist und
- ● in den Begriffen von der Praxis und den Prinzipien der Schrift geleitet wird.

Mit einem Satz gesagt: Biblische Seelsorge beruft sich ganz auf das Wort Gottes.

Der Seelsorger gebraucht die Bibel als Richtschnur sowohl für sich selbst als auch für den, der Rat bei ihm sucht. Er nimmt die Bibel ernst. Sie zeigt ihm nicht nur, wie er in den verschiedenen Situationen vorgehen soll, sondern — und das möchte ich besonders betonen — sie rüstet den „Mann Gottes"[5] auch „für jedes gute Werk, zu dem er berufen ist" aus und macht ihn vollkommen (2. Timotheus 3, 17)[6]. Wenn sich der Verkündiger des Evangeliums also zum Seelsorgedienst gerufen weiß, dann darf er damit rechnen, daß ihn Gott auch für diesen Dienst ausrüsten wird. Das führt uns zu dem Hauptthema.

Die Bibel ist das Lehrbuch für die Seelsorge

Jesus wird von Jesaja als der „Wunderbar-Rat" bezeichnet. Er war der vollkommenste Seelsorger in dieser Welt, und er berief sich dabei auf „die Schrift". Wo anders als in der Bibel findet man konkrete Antwort auf die zwei wichtigsten Fragen der Seelsorge:

1. Wie liebe ich Gott?

---

5 In den Pastoralbriefen wird diese Bezeichnung, die aus dem Alten Testament entnommen ist, auf den christlichen Verkündiger angewandt. Vgl. 1. Tim. 6, 1; siehe auch 5. Mose 33, 1; Jos. 14, 6; 1. Sam. 9, 6; 1. Kön. 17, 18.24; 2. Kön. 1, 10.12; 4, 7; 5, 8.

6 Näheres dazu in „Befreiende Seelsorge", S. 38 ff. und „Handbuch für Seelsorge", S. 71—73.

2. Wie liebe ich meinen Nächsten?

Wenn ein Ratsuchender zu einem Seelsorgegespräch kommt, dann sollten wir uns nicht lange mit nebensächlichen Dingen aufhalten, sondern so bald wie möglich ins Zentrum vorstoßen. Wir fragen nach seinem Verhältnis zu Gott und sprechen mit ihm über die Schwierigkeiten, die er in der Beziehung zu seinen Mitmenschen hat.

Martin Lloyd-Jones sagt: „Jeder Bereich unseres Lebens wird in der einen oder anderen Form in der Heiligen Schrift angesprochen."[7] Viele Seelsorger versuchen nun aber, einen Kompromiß zu schließen. Sie akzeptieren die Bibel zwar, sie wollen sie jedoch nicht ausschließlich gelten lassen. Hier muß aber die wichtige Entscheidung fallen. Entweder ist Seelsorge ganz an das Wort Gottes gebunden oder sie stützt sich notgedrungen auf gänzlich andere Faktoren.

Die Bibel lehrt den Seelsorger alles, was er über Gott, sich selbst und seinen Nächsten wissen muß

Die Bibel spricht vom Menschen als nach Gottes Bild erschaffen. Sie weist auf sein Grundproblem hin, nämlich die Sünde, aber auch auf seine Rettung durch Christus. Dazu zeigt sie dem Seelsorger, worum es in der Seelsorge geht, was er als Befähigung braucht und wie er vorgehen soll.

Nur eine an die Bibel gebundene Seelsorge ist fähig, den Problemen des Menschen zu begegnen

Anhand einiger Beispiele will ich nun zeigen, was biblische Seelsorge in den konkreten Fällen bedeutet. Ich beginne mit

---

7 Martin Lloyd Jones, „Truth Unchanged, Unchanging", New York 1955, S. 16.

einem der grundsätzlichen Probleme des Menschen überhaupt, dem Tod. Die Frage ist: Wer kann eine verzweifelte Frau, deren Mann plötzlich gestorben ist, trösten?

Wenn wir uns auf Gottes Wort verlassen, dann haben wir nicht nur die Möglichkeit, sondern auch den Auftrag dazu. „So tröstet euch nun untereinander" (1. Thessalonicher 4, 18). Die biblischen Tatsachen in 1. Thessalonicher 4 sind zugleich wie ein Anker für den Christen, der ihn davor bewahrt, vom Schmerz weggespült zu werden.

Wer Hoffnung hat, kann alles ertragen. Deshalb sind Christen auch nicht so „traurig wie Menschen, die keine Hoffnung haben" (1. Thessalonicher 4, 13).

Ein anderes häufiges Problem in der Seelsorge sind Eheschwierigkeiten. Oft scheint es keine Möglichkeit mehr zu geben, eine Ehe zu retten. Einer ist des anderen überdrüssig. Sie haben sich nichts mehr zu sagen. Von Liebe ist keine Spur zu entdecken. Was kann ein Eheberater außer der Scheidung in solch einer Situation schon raten? An welch dünnem Faden hängt doch die Hoffnung auf eine glückliche Ehe in einer Zeit, in der Verfehlungen in der Ehe so häufig vorkommen! Aus welcher Quelle soll der Berater schöpfen, um neu zu ermutigen, und welche Autorität befähigt ihn, noch etwas zu retten oder gar eine Versöhnung herbeizuführen? Ist er nicht hoffnungslos überfordert?

Der christliche Seelsorger kann in dieser Situation folgendes tun. Er kann im Auftrag Gottes sagen: „Daß Sie zur Beratung gekommen sind, zeigt mir, Sie möchten Ihre Ehe retten. Nach allem, was Sie mir erzählt haben, besteht für Sie auch gar kein Anlaß, Ihre Ehe aufzulösen. Sie haben schließlich kein Recht dazu. Tun Sie beide Buße, versöhnen Sie sich und bauen Sie Ihre Ehe ganz neu auf. Die Bibel enthält alle Informationen, die Sie brauchen, um neu anzufangen . . ."

Der Seelsorger wird den Eheleuten dann diese biblischen Prinzipien erklären. (Ich will nicht im einzelnen darauf eingehen, da ich dies schon an anderer Stelle getan habe.[8]) Er wird sie zu diesem Schritt ermutigen und ihnen sagen: „Wenn Sie sich Gott völlig anvertrauen, wird sich Ihre Ehe innerhalb weniger Wochen positiv verändern. Sie werden über Gottes Macht staunen. Es gibt keinen Grund, der Sie hindern könnte, mit seiner Hilfe sofort damit zu beginnen. Was meinen Sie dazu?"

Bei diesen Problemen kann nur der Seelsorger helfen, der mit Gottes Verheißungen und seinem konkreten Rat rechnet. Er darf seine Beratung im Vertrauen und in Vollmacht durchführen, weil hinter seinem Dienst die Autorität des Wortes Gottes steht. Er muß nicht die neuesten Forschungsergebnisse abwarten, um herauszufinden, ob so schwierige Probleme wie Homosexualität oder Alkoholismus krankhafte Ursachen haben oder erst später erworben worden sind. Gott sagt unmißverständlich, daß es sich in beiden Fällen um Sünde handelt, und darin liegt Hoffnung für uns.

Gott hat uns nämlich nicht versprochen, daß er *jede Krankheit* heilen will; er verheißt auch nicht, genetische Strukturen zu ändern; aber durch Jesus Christus hat er uns Befreiung von *jeder Sünde* versprochen. Gott hat ausdrücklich gesagt, daß uns nicht nur *vergeben* wird, sondern wir dürfen damit rechnen, daß wir diese Sünden *überwinden* können. Paulus schreibt den bekehrten Korinthern: „. . . und das sind etliche von euch *gewesen,* aber ihr seid abgewaschen, ihr seid geheiligt." (1. Korinther 6, 11.)

Die Autorität der Heiligen Schrift, die Forderungen und Befehle Jesu werden im allgemeinen von denen als „lieblos" bezeichnet, die die Bibel aus der Seelsorge verbannen möchten. Sie sehen nicht den Unterschied zwischen notwendiger Autorität und angemaßtem autoritärem Verhalten. Mit ihrer Forderung sägen sie den Ast ab, auf dem sie sitzen sollten. Wo keine vollmächtigen Anweisungen gegeben werden, ist

---

8 Bei Eheproblemen vgl. Jay E. Adams, „Christsein auch zu Hause".

alles im Fluß, ist nichts gewiß, gibt es keine berechtigte Hoffnung.

Es kann gut sein, daß die erste Reaktion Bestürzung und Erschrecken ist, wenn jemand erkennt, wie weit sein Leben vom Willen Gottes abweicht. Wenn Gott aber etwas von uns fordert, gibt er uns auch die Kraft, seinen Befehlen nachzukommen.

„Aber", so mögen Sie jetzt einwenden, „Eheberatung und Trauernde zu trösten ist noch etwas anderes als beispielsweise Schwermütigen oder verhaltensgestörten Menschen zu helfen. Was wollen Sie da mit der Bibel anfangen?"

Ich will diese Frage mit einem Beispiel aus der Praxis beantworten. Ein Mann in mittlerem Alter, nennen wir ihn Fred, benahm sich über mehrere Jahre hindurch so anormal, daß er schließlich in eine Nervenklinik eingewiesen wurde. Dort verordnete man ihm Medikamente, und er wurde gleichzeitig psychotherapeutisch und psychiatrisch behandelt. Aber alles blieb erfolglos. Als er zu uns in die Seelsorge kam, war dies sozusagen der letzte Versuch.

Schon nach sechs Beratungen war sein Problem gelöst. Seit zwei Jahren führt Fred nun ein vorbildliches Leben als Christ. Worin lag der Erfolg dieser Beratung? Im Vertrauen auf das Wort Gottes! Da bei der ärztlichen Untersuchung (die wir in schwierigen Fällen empfehlen) keine organischen Schäden oder Störungen festgestellt wurden, vermutete der Seelsorger, daß die Schwierigkeiten Freds ihre Wurzeln in einer Sünde hatten. Deshalb setzte er dort mit seiner Hilfe ein. Sein Ziel war nicht, die Symptome zu behandeln, wie das in der Nervenklinik versucht worden war; es ging ihm auch nicht so sehr darum zu klären, wer in der Vergangenheit an Fred schuldig geworden war, wie das oft in der Psychotherapie geschieht. Der Seelsorger richtete sein Interesse auch nicht auf die Gefühle Freds. Er suchte vielmehr nach der Ursache (im Verhältnis zu Gott oder dem Nächsten), die die Schwierigkeiten verursacht hatten.

Nach ein paar Beratungen entdeckte er durch gezielte Fragen, daß Fred an seinem Körper schuldig geworden war, der doch ein Tempel des Heiligen Geistes sein sollte. Fred schlief zu wenig. (Dieselben Wirkungen, wie sie von LSD oder anderen Rauschmitteln ausgehen, können auch durch einen extremen Mangel an Schlaf hervorgerufen werden.) Freds außergewöhnliches und anormales Verhalten war meist die Folge von zu wenig Schlaf. Es wurde ihm klar, daß er sich dadurch an Gott versündigt hatte. Er beugte sich unter seine Schuld und empfing Vergebung. Seine Lebensgewohnheiten wurden überprüft und an den biblischen Maßstäben ausgerichtet. So wurde sein Problem gelöst.

Woher wußte der Seelsorger, wie er zu handeln hatte? Ihm war klar, daß er zunächst die Gründe ausfindig machen mußte, die für dieses Problem verantwortlich waren. Weil er der Bibel glaubte, kamen nur zwei Ursachen in Betracht:

1. organische Ursachen
2. nichtorganische Ursachen.

Organische Ursachen können entweder erblich sein oder durch Unfall bzw. toxische Zerstörung der Hirnzellen usw. hervorgerufen werden. Alle anderen Schwierigkeiten, die nicht auf organische Ursachen zurückzuführen sind, werden in der Bibel als das Ergebnis von Sünde bezeichnet. Sie kennt keine dritte, neutrale Kategorie, die es einem Nichtorganisch-Kranken erlauben würde, für sein Fehlverhalten Entschuldigungen anzuführen, und auch die Medizin konnte sie bisher nicht nachweisen.[9]

Wenn man das Fehlverhalten eines Ratsuchenden auf etwas anderes als Sünde zurückführt, dann ist man blind für seine tiefsitzenden Nöte. Sie können nur durch Wiedergeburt, Vergebung, Heilung usw. gelöst werden. Für nichts Geringeres hat der Sohn Gottes sein Leben hingegeben. Das heißt: Nur die Seelsorge, die von biblischen Voraussetzungen ausgeht, kann wirklich helfen.

---

9 Vgl. „Befreiende Seelsorge", S. 23 ff.

Niemand sollte deshalb sagen, daß der dem Wort Gottes vertrauende Berater nicht die Voraussetzungen zur Seelsorge habe und im Hintergrund bleiben müsse, bis er sie von seinem heidnischen Kollegen gelernt habe. Das Gegenteil ist richtig, und es ist an der Zeit, daß christliche Seelsorger darauf hinweisen. Ich erinnere nur an das Wort des Psalmisten: „Ich bin klüger als alle meine Lehrer, denn deine Zeugnisse sind meine Rede" (Psalm 119, 99).

Wir wollen uns nun mit den praktischen Fragen der Seelsorge mit der Bibel beschäftigen.

Kapitel 1

Probleme erfassen

Die Probleme müssen vom Wort Gottes her verstanden werden

Die biblische Seelsorge hat fünf wesentliche Kennzeichen der Beratung. Es sind folgende:

1. Die Probleme des Ratsuchenden müssen richtig — und das heißt biblisch — beurteilt werden. Das bedeutet:
2. Wir müssen die Bedeutung und das Ziel bestimmter Aussagen der Schrift erfassen, und zwar nicht nur was das darin beschriebene Problem, sondern auch was seine Lösung betrifft. Dabei sind wir auf das Wirken des Heiligen Geistes angewiesen.
3. In der Beratung müssen der Ratsuchende und seine Probleme mit Gott und seiner Erlösung zusammengebracht werden.
4. Es muß deshalb ein Plan für das weitere Vorgehen entwickelt werden, wie man das Problem auf biblische Weise lösen will.
5. Der Ratsuchende muß mit diesem Vorgehen einverstanden sein.

Jedes dieser fünf Kennzeichen wollen wir nun im einzelnen besprechen.

Die Probleme des Ratsuchenden müssen richtig — und das heißt biblisch — beurteilt werden

Der biblisch orientierte Seelsorger wird sich mit den Aussagen des Ratsuchenden ebensowenig zufriedengeben wie mit dem Bericht einer Beratungsstelle oder den Ergebnissen eines Tests oder dem ersten Eindruck, den er selbst von den Problemen des Ratsuchenden gewonnen hat. Der Berater muß mehr wissen. Er kann in zweifacher Weise vorgehen:

1. Er bemüht sich, alle wichtigen Daten, die mit dem Problem in Zusammenhang stehen, herauszufinden. Der Ratsuchende selbst, seine Eltern, sein Ehepartner oder andere beteiligte Personen sind dabei die ersten Informanten. Wie wir an anderer Stelle schon deutlich machten, gewinnt der Seelsorger diese Informationen nicht nur durch mündliche Äußerungen.[1]

2. Der Seelsorger stellt gezielte Fragen; er erfährt Einzelheiten durch das Auswerten der Arbeitsblätter „Problemstrukturen"[2]; auch evtl. Schwierigkeiten beim Anfertigen von Hausaufgaben und andere Formen nichtverbaler Mitteilungen sind Möglichkeiten, wichtige Informationen zu gewinnen.

Der Postbote brachte mir gerade vor einigen Tagen den Brief eines christlichen Arztes aus Übersee, der eng mit einem Seelsorger zusammenarbeitet. Er schreibt: „In der letzten Woche hatte ich mit einem Patienten zu tun, bei dem ich lange nicht vorankam. Es handelte sich um einen leitenden Bankangestellten, der nach einer kurzen Krankheit durch nichts zu überreden war, seine Arbeit wiederaufzunehmen. Ich war zunächst der Ansicht, die Arbeit sei sein Götze gewesen und seine jetzige Weigerung die Folge einer schmerzhaften Ernüchterung. Herr X (der Seelsorger) kam dem Problem dann auf den Grund, als er herausfand, daß der Mann wegen der Bequemlichkeit eines älteren Angestellten einen solchen Groll aufgestaut hatte (obwohl er nach außen ein freundliches englisches Lächeln zur Schau trug), daß er einfach außerstande war, weiter zur Arbeit zu gehen."
Obwohl uns die Einzelheiten des Falles nicht bekannt sind, werden aus dem kurzen Bericht doch drei Dinge ersichtlich:

---

1 Vgl. „Handbuch für Seelsorge", S. 174 ff. und 191 ff.
2 Vgl. „Handbuch für Seelsorge", S. 195 ff.

a) Der Bankangestellte hatte das eigentliche Problem nicht genannt. Herr X mußte der Sache „auf den Grund" gehen.

b) Obwohl der Arzt in biblischen Kategorien dachte, hatte er mit seiner ursprünglichen Diagnose unrecht. Er hatte noch nicht die notwendigen Informationen gesammelt, um das Problem richtig beurteilen zu können (vielleicht verwies er den Ratsuchenden an Herrn X, weil er selbst nicht genügend Zeit für eine Analyse fand).

c) Herr X sammelte diese Daten, sie wurden analysiert und biblisch beurteilt. Herr X und seine Kollegen haben das Problem dann unter biblischen Gesichtspunkten durchgesprochen. Sie kamen zu dem richtigen Ergebnis. Sie hatten dabei Bibelstellen wie Epheser 4, 26 b vor Augen. Dort heißt es: „Laßt die Sonne nicht über euerm Zorn untergehen." Sie nannten das Problem dann nicht modisch „Neurose" oder „Abwehrmechanismus". Sie sprachen auch nicht von „Repression" (ein Wort, das sehr stark von Freud her bestimmt ist), sondern nannten das Problem im biblischen Sinne beim Namen: Die Sünde ist der Groll.

Andere Bezeichnungen mögen barmherziger klingen, aber sie sind es nicht. Herr X und seine Freunde waren barmherzig, weil sie Sünde Sünde nannten. Jeder Christ weiß nämlich, daß Jesus kam, um das Problem der Sünde zu lösen.

Andere Bezeichnungen nehmen nicht nur die Hoffnung und verwirren die Lage, sondern weisen auch in die verkehrte Richtung. Wer die Dinge ausschließlich in psychiatrischen Kategorien einordnet, sucht auch die Lösung in der Psychiatrie. So führt er aber den Seelsorger und den Ratsuchenden von der Bibel weg. Bei einer Neurose würde wohl niemand empfehlen, Buße zu tun.

Wenn das eigentliche Problem also die Sünde ist, sind die psychiatrischen Kategorien in ihrer Ausschließlichkeit unbarmherzig, denn sie führen von der Lösung des Problems weg. Und was noch dazukommt, diese „Umleitung" ist selber Sünde. Letzten Endes ist sie eine Auflehnung gegen Gott, weil sie Gottes Wort, Gottes Sohn und Gottes Geist zurück-weist, als seien diese nicht zuständig.[3]

Es ist für christliche Seelsorger also wichtig, alle wesentlichen Informationen über das Problem des Ratsuchenden zu sammeln und diese biblisch zu beurteilen. Wenn ein Problem organische Ursachen hat oder wenn organische Ursachen mitspielen, wird er dies festzustellen haben, um in Übereinstimmung mit biblischen Grundsätzen auch medizinische Hilfe heranzuziehen.[4] Wenn die Schwierigkeiten des Ratsuchenden keine organischen Ursachen haben, wird der Seelsorger die Sünde beim Namen nennen und entsprechend handeln. Für den weiteren Verlauf der Seelsorge ist nichts wichtiger als diese Grundlage. Wenn hier keine Ordnung herrscht, ist auch alles andere nicht in Ordnung.

3. Es genügt aber nicht, nur Tatsachen zusammenzutragen. Der Seelsorger muß vor, während und nach jeder Beratungsstunde die Ergebnisse nach biblischen Normen beurteilen. Er

---

3 Hier machen christliche Psychiater und Psychologen oft einen Fehler. David A. Blaiklock tritt z. B. in seinem Buch „Release From Tension", Grand Rapids 1969, dafür ein, daß die biblische Sicht zugunsten des Ratsuchenden aufgegeben werden soll: „So können Christen, die wenig von Sorgen gequält werden, einem Christen mit vielen Sorgen das Leben nur noch schwerer machen. Sie wecken in ihm Schuldgefühle, indem sie das Sorgen als Sünde bezeichnen, statt ihn behutsam zu einer richtigen Antwort zu führen" (S. 49).

Blaiklock ist der Meinung, daß er eine bessere Antwort als die Bibel habe, die das Sorgen als Verletzung eines göttlichen Gebotes sieht (Matth. 6, 31.34; Phil. 4, 6). Er meint, das Problem sei „teilweise ererbt" (S. 49), bedeutend seien hier auch „die Auswirkungen der wichtigen ersten fünf Lebensjahre" (S. 50).

Ist das aber wirklich richtig und barmherzig? Sündiges Verhalten kann durch Christus überwunden werden. Welche Hoffnung hat aber derjenige, der durch „Vererbung" und durch frühkindliche Prägung zum Sorgen neigt?

In der Meinung, barmherziger zu sein als die Bibel, nimmt Blaiklock dem Ratsuchenden auf unbarmherzige Weise die Hoffnung.

4 Vgl. „Handbuch für Seelsorge", S. 299 ff.

wird die Probleme eines Alkoholikers also nicht unter dem Etikett „alkoholkrank" behandeln, sondern sie als Sünde bezeichnen.

Für den christlichen Seelsorger ist daher nicht die psychologische oder psychiatrische, sondern eine entsprechende biblisch-theologische Ausbildung die beste Voraussetzung. Er muß die Bibel intensiv und regelmäßig studieren, um sich gründlich mit den Verheißungen, Warnungen, Verboten, Befehlen und Methoden Gottes zu befassen. Der gute Seelsorger wird es lernen, sein biblisches Wissen in die seelsorgerliche Situation einzubringen. Er kann dabei natürlich nur so viel einbringen, wie er sich vorher durch ein sorgfältiges Studium angeeignet, verarbeitet und für solche Gelegenheiten verfügbar gemacht hat.

Nicht jede Art von Auslegung wird dem Seelsorger nützen. Paulus spricht von einer Exegese, die *praktisch* ausgerichtet ist „mit aller Weisheit" (Kolosser 3, 16). Wie gewinnt man eine solche exegetische Fähigkeit? Der einzige Weg, die Schrift praktisch und nicht nur theoretisch auszulegen, ist, sie praktisch und nicht nur theoretisch anzuwenden. Wenn Paulus sagt, das Wort soll „reichlich unter euch wohnen", dann meint er nicht das reichliche Anhäufen von Wissen, sondern er will, daß die biblischen Tatsachen unser Leben verändern.

Deshalb studiert der Seelsorger nicht in erster Linie die Bibel, weil er Informationen für Predigt und Seelsorge bekommen möchte, sondern weil es für sein eigenes Leben wichtig ist. Dabei kann ihm die Bedeutung einer bestimmten Verbform Erkenntnis der Sünde bringen; und ein persönliches Fürwort an einer bestimmten Stelle kann dankbare Freude auslösen. Solches Forschen in der Schrift ist nicht theoretisch, sondern praktisch ausgerichtet. Das Leben des Seelsorgers im Verhältnis zu Gott und zu seinem Nächsten wird dabei unter die Lupe genommen. Er steht *unter* der Schrift und nicht über ihr, und weil er erfahren hat, daß die Wahrheit Gottes seine Sünde ans Licht bringt und ein Richter der Gedanken und Sinne ist, daß Gottes Verheißungen ermutigen, daß Gott tröstet, heilt und anspornt, kann er dasselbe Wort auch mit Weisheit an andere weitergeben.

Die Probleme des Ratsuchenden sind von derselben Art wie die des Seelsorgers selbst, denn auch er ist ein Sünder. Deshalb kann er auch die Lösungen, die er für sich selbst gefunden hat, für andere praktisch anwenden. Damit meine ich nicht, daß er jede Situation des Ratsuchenden selbst erleben muß. Er muß nicht Ehebruch begangen haben, um einem Ehebrecher helfen zu können. Aber die Versuchungen, die ihm sein eigenes ehebrecherisches Herz bereitet, und auch die biblische Hilfe, die er in diesen und anderen Situationen bereits empfangen hat, setzen ihn in die Lage, das Wort verständlich weiterzugeben. Wie Paulus ist er imstande „zu trösten, die da sind in allerlei Trübsal, mit dem Trost", der ihn selbst getröstet hat, als er in Trübsal war — wenn auch vielleicht in einer andersartigen (vgl. 2. Korinther 1, 3—7).

Wir erkennen: Der christliche Seelsorger muß sich vor allem anderen darum bemühen, die Probleme des Ratsuchenden richtig zu erkennen. Dies geschieht, indem er die Probleme nach biblischen Maßstäben beurteilt, biblische Zusammenhänge erkennt und die Probleme bei ihrem biblischen Namen nennt. All dies ist niemals nur von wissenschaftlichem Interesse, weil der Seelsorger es von A bis Z mit Dingen zu tun hat, die ihn auch ganz persönlich berühren.

Kapitel 2

Mit der Bibel arbeiten

Wir müssen die Bedeutung und das Ziel bestimmter Aussagen der Schrift erfassen — und zwar nicht nur, was das darin beschriebene Problem, sondern auch, was seine Lösung betrifft

Viele Verkündiger haben diese auf das Ziel gerichtete Exegese entweder gar nicht beachtet oder ihre Bedeutung unterschätzt. Wer sich mit der Geschichte der christlichen Verkündigung und insbesondere mit dieser Frage befaßt, muß leider zu diesem Ergebnis kommen. Obwohl Pastoren und Mitarbeiter das Beste wollten, haben sie die Bibel immer wieder zugunsten ihrer eigenen Ziele ausgelegt. Wie ist es anders zu erklären, daß die unglaublichsten — einander häufig widersprechenden — Deutungen und Lehren vertreten und im Namen Gottes verheerende Ratschläge gegeben wurden? (Gott hat freilich auch schon manche danebengegangene Predigt, die wenig mit dem Bibeltext zu tun hatte, gebraucht.) Die hervorragende Rolle der auf das Ziel gerichteten Exegese ist jedoch nicht nur für die Predigt, sondern in gleicher Weise auch für die Seelsorge wichtig.

Der Seelsorger wird nur Vollmacht haben, wenn er dem Ratsuchenden zeigen kann, daß die Anweisung, die Warnung oder die Hoffnung, von der er spricht, biblisch begründet ist. Sie wird fehlen

a) wenn der Seelsorger das Ziel der Schriftstelle nicht kennt,
b) wenn er sie auf eine Situation anwendet, die dem Bibelwort nicht entspricht,

c) wenn er dem Ratsuchenden Zweck und Ziel des Bibelwortes nicht klarzumachen versteht.

Der Seelsorger sollte wie Paulus mit gutem Gewissen sagen können: „Denn wir sind nicht wie die vielen, die das Wort Gottes verfälschen" (2. Korinther 2, 17).

Zu a: Der Seelsorger muß das Ziel jedes Textabschnitts kennen, den er in der Seelsorge benutzt. Es genügt dabei nicht, über die grammatisch-philologische, die biblisch-theologische oder die systematische Seite eines Textes informiert zu sein. Jede dieser Disziplinen spielt eine wichtige Rolle in der biblischen Exegese. Ohne ihre Zuhilfenahme wird es oft sogar unmöglich sein, das Ziel eines Textes zu erkennen. Dennoch kann es vorkommen, daß all das in der Exegese zwar berücksichtigt, aber in der Predigt oder in der Seelsorge dann doch falsch angewendet wird.

So wird die Geschichte vom suchenden Vater und dem schmollenden älteren Bruder zum „Gleichnis vom verlorenen Sohn". Die rein wissenschaftlichen Untersuchungen schützen auch nicht davor, die beiden Gebote der Gottes- und Nächstenliebe dann doch zu psychologisieren, indem man noch ein drittes Gebot hinzufügt, nämlich „Liebe dich selbst". Dieses wird sogar vielfach zur Grundlage für die beiden anderen gemacht, obwohl ein solcher Gedanke der ganzen Bibel zuwiderläuft und auch den Worten Jesu widerspricht, der ausdrücklich von *zwei* Geboten geredet hat: Der Liebe zu Gott und der Liebe zum Nächsten (Matthäus 22, 40).

Als Christus den Jüngern befahl, ihre Nächsten wie sich selbst zu lieben, meinte er damit nicht, sie sollten sich zuerst selbst lieben lernen und dann für den anderen genau das tun, was sie auch für sich selbst tun würden. Vielmehr betont er damit die Intensität und Hingabe dieser Liebe. Jesus sagt nämlich, daß das zweite Gebot dem ersten ebenbürtig ist. Die Worte „den Nächsten wie dich selbst" entsprechen daher dem Satz „Gott von ganzem Herzen". Glut und Echtheit der Liebe sollen hervorgehoben werden, also: „Liebe den Nächsten mit solcher Begeisterung, wie du dich selbst liebst."

Wenn man diese Bibelstelle psychologisiert, verfällt man einem schrecklichen Irrtum. Gottes Wort wird falsch ausgelegt und die eigene Meinung (und nicht das Wort Gottes) zum Maßstab für das Leben erhoben. Die Folge sind schließlich endlose Spekulationen über richtiges und falsches Sichselbst-Lieben und Selbstbewußtsein.

Man kann viel Zeit und Kraft mit dem Versuch verschwenden, das eigene Ich zu stärken. Dieses Unternehmen wird in der Bibel mit keiner Silbe befürwortet, und es ist so vergeblich wie die Jagd nach dem Glück. Selbstbewußtsein entsteht wohl kaum, indem man wie verrückt danach sucht. Man bekommt es aber umsonst, wenn man Gott und seinen Nächsten liebt. Der Christ, der sich auf diese beiden Gebote konzentriert, wird wenig Probleme mit dem sogenannten „dritten" haben; denn Jesus hat gesagt: „Wer sein Leben findet, der wird es verlieren; und wer sein Leben verliert um meinetwillen, der wird es finden" (Matthäus 10, 39).[1]

Zu b: Der Seelsorger muß die *Absicht* eines Textes kennen, um ihn richtig anzuwenden. Was erwartet Gott in bestimmten Situationen? Warnt er uns? Ermutigt er? Spornt er an? . . . Um das herauszufinden, sollte der Seelsorger gewissenhaft exegetisch arbeiten, damit er einem Text nicht eine Zielsetzung unterschiebt, die Gott niemals damit verfolgt hat (oft gibt es neben der Hauptaussage eines Textes natürlich auch wichtige Nebenaussagen). Das macht ihn nicht nur treu in der Auslegung, sondern auch im Gebrauch der Bibel.

In dieser Hinsicht haben einige Prediger und Ausleger den Protestantismus weit zurückgeworfen, weil sie die großartige Methode Calvins, sich auf das Ziel eines Textes zu konzentrieren, aufgaben. Statt dessen machten sie es zu ihrer Gewohnheit, Fragen aus dem Bereich der systematischen Theo-

---

1 Mehr dazu in „Handbuch für Seelsorge", S. 96.

logie, die sich auf ein Wort oder einen Satz im Text bezogen, ausführlich zu erörtern, auch wenn der Textzusammenhang das nicht rechtfertigte. So arbeitete man diese Wortzusammenhänge als Hauptziel heraus, der Sinn des ganzen Textes aber blieb dunkel. Kein Wunder, daß viele ihrer Kommentare vor allem sehr umfangreich waren. Zu diesen lehrhaften Abhandlungen eines Textes fügten einige auch praktische Anwendungen hinzu. Unter dieser Überschrift wurde jede kleinste Andeutung des Textes — manchmal stark moralisierend — auf das Leben bezogen. Der Text wurde bis zum Letzten ausgepreßt.

Gottes Wort muß benutzt werden, weil es beschreibt, wie Gottes Ziele zu erreichen sind. Deshalb ist jeder willkürliche und oberflächliche Gebrauch der Bibel abzulehnen, da er das Ziel des Textes nicht beachtet. Das gilt auch für jene Methode, wonach die Bibel wie ein Rezeptbuch behandelt wird. Einzelne Bibelstellen sollen zusammenhanglos und unerklärt wie eine Arznei bestimmte Wirkungen erzielen, auch ohne daß der Empfänger weiß, was er schluckt.

Zu c: Die Schrift muß vom Seelsorger „geöffnet", d. h. erklärt werden (vgl. Lukas 24, 32), wenn die Herzen der Ratsuchenden „brennen" sollen. Wenn sich Jesus zu erkennen gibt als der, von dem „alle Propheten geredet haben", hört das Moralisieren auf, alle unbrauchbaren Liebhabereien verschwinden, und das Ziel eines Bibeltextes findet in Christus seine Erfüllung. Wie findet man nun aber das Ziel eines Bibeltextes?

1. Indem man ihn daraufhin erforscht (was man nicht sucht, findet man auch nicht) und

2. indem man auf bestimmte Stichworte und Hinweise achtet.

Manche dieser Hinweise sind oft gar nicht schwer zu finden, andere dagegen treten wenig hervor. Einige dieser Zielaussagen beziehen sich auch auf die ganze Heilige Schrift. Paulus schreibt z. B., daß die Schrift einem doppelten Zweck dient: „zu unterweisen zur Seligkeit" und „zu lehren, zu überführen, zu bessern und zu erziehen in der Gerechtigkeit" (1. Timotheus 3, 15—16). Jede Schriftstelle hat damit entweder ein evangelistisches oder ein lehrmäßiges Ziel.

In Lukas 25, 27 spricht Christus von sich als dem „Subjekt" der Schrift. Wir werden darin also die Grundausrichtung der Bibel überhaupt zu sehen haben. Der Seelsorger muß deshalb Christus in jedem Bibeltext sehen, den er gebraucht. Er darf die Bibel also niemals ausschließlich moralisch oder humanistisch gebrauchen, denn ihre Grundlage ist Christus und seine Erlösung.

Auf dieser Grundlage wird er dennoch den Bibeltext auf seine besondere Zielrichtung hin untersuchen. Zunächst sollte man mit einer groben Einteilung der biblischen Bücher und einzelner seelsorgerlich ausgerichteter Bibeltexte beginnen. Diese sind nach den beiden oben erwähnten Hauptzielen einzuteilen, in Evangelisation und Weiterführung im Glauben. Das Johannesevangelium und der 1. Johannesbrief weisen z. B. sehr klar auf ihre Zielsetzung hin. Das Evangelium wurde geschrieben, „damit ihr *glaubt*" (Johannes 20, 31), und der Brief, „damit ihr, die ihr glaubt, *wisset* (1. Johannes 5, 13). Und tatsächlich wurden gerade Verse wie Johannes 1, 12; 3, 16; 3, 36; 5, 24; 14, 1—6 u. a. schon oft vom Heiligen Geist gebraucht, um Menschen zum Glauben zu führen. Schließlich ist das Johannesevangelium ausdrücklich zu diesem Zweck geschrieben worden. Genauso sollte man sich auf den ersten Johannesbrief konzentrieren, wenn Christen die Heilsgewißheit fehlt. Bezeichnenderweise gebrauchen manche diesen Brief nicht, um Gewißheit zu vermitteln, sondern um „vermeintliche Gewißheit" zu zerstören. Gottes Absicht mit diesem Brief ist aber positiv und nicht negativ. (Häufig beobachtet man auch bei Predigern, daß sie Bibelstellen, die ein positives Ziel haben, im negativen Sinn gebrauchen.)

Die einzelnen Teile der biblischen Bücher verfolgen manchmal auch unterschiedliche Ziele. Wenn der Schreiber des Hebräerbriefes sagt: „Darum wollen wir jetzt lassen, was im Anfang über Christus zu sagen ist, und uns zur Vollkommenheit wenden . . ." (6, 1), gibt er dem Leser einen Hinweis, daß er sich nun einem anderen Ziel zuwendet.

Im Epheserbrief lassen sich die Kapitel 1—3 nicht von den Kapiteln 4—6 trennen, da sie durch das betonte „darum" in Kapitel 4, 1 miteinander verbunden werden. Somit ist klar, daß die im ersten Teil entfaltete Lehre für das im zweiten Teil beschriebene praktische Leben des Christen entscheidende Bedeutung hat. Für den Seelsorger ist es wichtig, daß der zweite Teil des Epheserbriefes deutlich macht, *wie* Christen als Glieder des Leibes Christi (das Thema der ersten Kapitel) in Liebe und Einheit miteinander leben können.

Auch die folgenden Bibelverse sind kleine, aber wichtige Hinweise auf die Zielrichtung der Texte, die dem Seelsorger helfen, die Absicht einer Schriftstelle zu erkennen:

„Wir wollen euch aber, liebe Brüder, nicht im Ungewissen lassen . . ." (1. Thessalonicher 4, 13). „So tröstet euch nun untereinander mit diesen Worten" (1. Thessalonicher 4, 18). „. . . habe ich euch wenige Worte geschrieben, zu ermahnen und zu bezeugen, daß dies die rechte Gnade Gottes ist" (1. Petrus 5, 12). „Darum will ich's nicht lassen, euch allezeit daran zu erinnern . . ." (2. Petrus 1, 12). „. . . in welchem ich euch erinnere und erwecke euren lauteren Sinn, daß ihr gedenket an die Worte . . ." (2. Petrus 3, 1—2). „. . . hielt ich's für nötig, euch in meinem Brief zu ermahnen, daß ihr für den Glauben kämpft, der ein für allemal den Heiligen übergeben ist" (Judas 3). „Solches gebiete und lehre" (1. Timotheus 4, 11). „Daran erinnere sie und bezeuge vor Gott . . ." (2. Timotheus 2, 14).

Selbst wenn solche eindeutigen Hinweise im Text fehlen, muß nach den Zielen gesucht werden. Es ist dabei wichtig, auf bestimmte Linien und Schwerpunkte zu achten. So enthält der Philipperbrief z. B. keine eindeutigen Hinweise dieser Art, aber sein Ziel ist dennoch klar:

a) Paulus will den Philippern für ihre Gabe danken.
b) Sie sollen erkennen, daß auch seine Gefangenschaft der guten göttlichen Planung entspricht.
c) Er will, daß die Spaltung in der Gemeinde von Philippi überwunden wird.
d) Sein Ziel ist, ihre Befürchtungen wegen Epaphroditus zu zerstreuen.

Damit der Seelsorger und der Ratsuchende die Gewißheit bekommen, daß die Analyse der Probleme und die angebotene Lösung Gottes Willen entsprechen, ist diese Arbeit unumgänglich. „Aber wie läßt sich das Ganze in der Praxis verwirklichen?" werden Sie nun fragen. Dies führt uns zum nächsten Schritt.

Kapitel 3

Richtig vorgehen

In der Beratung müssen der Ratsuchende und seine Probleme mit Gott und seiner Erlösung zusammengebracht werden

Lassen Sie mich das unterschiedliche Vorgehen zweier Seelsorger miteinander vergleichen. Beide stehen vor dem gleichen Problem: Eltern haben Schwierigkeiten mit ihrem siebenjährigen Johannes, ihrem einzigen Kind. Sie bitten um Rat. Johannes ist sehr aufsässig. Die Eltern haben aus Angst, etwas verkehrt zu machen, aus mangelnder Sachkenntnis und aus Bequemlichkeit eine konsequente Erziehung versäumt.

Zuerst kommen sie zu einem Pfarrer, der ganz von Rogers und dessen verhaltenspsychologischen Theorien bestimmt ist (die von manchen ohne weiteres als „christlich" ausgegeben werden[1]). Der Pfarrer verweist auf Sprüche 23, 7: „. . . denn wie einer, der alles bei sich berechnet, so gibt er sich . . ." (nach Menge). Er erklärt: „Sie müssen als Eltern ihrem Kind genau erklären, warum es bestimmte Regeln und Vorschriften im Elternhaus gibt, damit es durch das rechte Verständnis für diese Dinge auch zum richtigen Verhalten kommt."

Man braucht kein Prophet zu sein, um vorauszusehen, wohin dies in der Praxis führt.

Ein an der Schrift orientierter Seelsorger wird ganz anders an das Problem herangehen. Zunächst wird er es biblisch beurteilen — d. h. er wird das Benehmen von Johannes als Sünde

---

1 Eine ausführliche Auseinandersetzung mit Carl Rogers in „Befreiende Seelsorge", S. 68—90.

bezeichnen. Weil für ihn das Problem nicht nur eine Frage des Verstehens ist, wird er auch eine andere Lösung vorschlagen. Er wird die Eltern dazu anhalten, in der Erziehung konsequent zu werden und die gefundenen biblischen Prinzipien durchzusetzen. Das schließt auch eine Bestrafung nicht aus. Er orientiert sich an Sprüche 22, 15, wo es heißt: „Torheit steckt dem Knaben im Herzen, aber die Rute der Zucht treibt sie ihm aus."

Allerdings wird er auch darauf hinweisen, daß Bestrafen allein nicht genügt. Hand in Hand damit muß das Kind seelsorgerlich ermahnt werden. Es muß seine Sünde erkennen. Mit den Eltern wird er über Sprüche 29, 15 reden: „... ein Knabe, sich selbst überlassen, macht seiner Mutter Schande" und über Epheser 6, 4: „Ihr Väter, reizt eure Kinder nicht zum Zorn, sondern zieht sie auf in der Zucht und Ermahnung zum Herrn." Zwischen diesen beiden Polen bewegt sich die christliche Erziehung. Er wird auch auf die Bedeutung der Belohnung hinweisen, indem er zeigt, daß „Vater und Mutter ehren das erste Gebot ist, *das Verheißung* hat" (Epheser 6, 1).

Auch der erste Seelsorger zieht die Bibel zu Rate, aber er gebraucht sie, um seine psychologischen Vorurteile zu stützen. Der zweite Seelsorger geht den richtigen Weg. Er vertraut grundsätzlich der Bibel und nicht psychologischen oder psychiatrischen Theorien. Er treibt eine gründliche Exegese und gibt sich nicht mit einer oberflächlichen Anwendung von Sprüche 23, 7 zufrieden („... denn wie einer, der alles bei sich berechnet, so gibt er sich ..."). Dieser Vers steht nämlich in einem bestimmten Textzusammenhang. Er ist Teil einer Warnung, die Worte eines geizigen Gastgebers nicht ernst zu nehmen. Der Exeget darf ihn nicht gewaltsam aus diesem Zusammenhang herausreißen. Wenn man den Vers richtig übersetzt und ihn für seinen eigentlichen Zweck verwendet, dann sagt er folgendes aus: „Iß nicht das Brot dessen, der selbstsüchtig schaut, und begehre nicht seine Kostbarkeiten;

denn er ist wie einer, der in seinem Inneren die Kosten berechnet. ,Iß und trink', sagt er zu dir, aber sein Herz ist nicht dabei."

Er fällt nicht auf die falsche philosophische, psychologische oder seelsorgerliche These herein, daß verändertes Verhalten nur aus verändertem Verständnis erwächst. Vielmehr kommt er beim Nachdenken darüber, was die Bibel von der Änderung des Verhaltens durch Zucht sagt, zu der Erkenntnis, daß Rute und Tadel (die beide in dem neutestamentlichen Begriff *nouthesia* = „Zurechtweisung", „Ermahnung", „Warnung" enthalten sind) dem Kind „Weisheit" geben (Sprüche 29, 15). Die psychologische Theorie entwickelt er dann aus dem biblischen Befund, nicht umgekehrt.

Auf diese Weise entdeckt er, daß eine Änderung des Verhaltens zu einer veränderten Denkweise führt, der Satz „Verhaltensänderung setzt immer ein verändertes Denken voraus" also geradezu umgekehrt werden muß.[2]

Das Problem entsteht dann, wenn wir das moderne Denken zur Voraussetzung für das Schriftverständnis machen. Wir wollen das noch an einem zweiten Beispiel erläutern.

In seinem Buch *The Bible in Pastoral Care* schlägt Wayne Oates vor, die Bibel als eine Art Rorschach-Test[3] oder (wie er seine Methode wirklich nennt) als „thematischen Wahrnehmungstest" für den Pastor zu benutzen. Dabei zitiert er zustimmend den Theologen Oskar Pfister[4], der schreibt: „Sage mir, was du in der Bibel findest, und ich will dir sagen, wer du bist."

Nach Oates ist die Bibel „ein Mittel zur Einsicht in die tiefe-

---

2 Mehr dazu in „Handbuch für Seelsorge", S. 81 ff.

3 Das Rorschach-Verfahren besteht aus der Vorlage von zehn Karten, auf denen sich klecksartige Figuren befinden. Die Testperson soll nun erzählen, was sie auf diesen Vorlagen „sieht". Das Ergebnis wird psychologisch ausgewertet.

4 Pfister war Psychoanalytiker und mit Freud befreundet, außerdem war er ein liberal ausgerichteter Theologe.

ren Probleme des Menschen"[5]. Er meint jedoch nicht, daß die Bibel von ihrem Inhalt her dies leiste; die Einsicht werde vielmehr durch die Art vermittelt, wie jemand die Bibel gebraucht. Oates glaubt zu erkennen, daß der Bibelleser nichts anderes als die eigenen Gedanken in die Schrift hineinprojiziere. Dabei ist Oates' eigenes Vorgehen, um seine Theorie zu stützen, ein anschauliches Beispiel für diese Praxis. Er greift Jakobus 1, 22—24 heraus: „Seid aber Täter des Wortes und nicht Hörer allein, wodurch ihr euch selbst betrügt. Denn so jemand ist ein Hörer des Wortes und nicht ein Täter, der ist gleich einem Mann, der sein leibliches Angesicht im Spiegel beschaut, denn nachdem er sich beschaut hat, geht er davon und vergißt von Stund an, wie er gestaltet war."

Dann kommentiert Oates: „Die Bibel ist wie ein Spiegel. Der Mensch projiziert seine eigene Vorstellung hinein; und sie spiegelt das dann ganz genau wider."[6]

Ich will keine Zeit damit verschwenden, diese „Projektionsexegese" zu widerlegen. Wem das Zitat selber keine ausreichende Warnung ist, den wird eine umfangreiche Widerlegung auch nicht überzeugen. Was Oates behauptet und sein eigenes Beispiel sollten den christlichen Seelsorger jedoch warnen, Bibeltexte zu psychologisieren, sondern alle Fragen der Zielsetzung, des Zusammenhangs und der biblischen Theologie konsequent zu beachten.

„Wir beide sind o. k.!" Diese Worte klingen zwar sehr modern, aber die Vorstellung, die dahintersteht, ist uralt. Sie geben genau die Meinung jenes reichen jungen Mannes wieder, der Jesus mit „guter Meister" anredete.

Weil der reiche junge Mann meinte, bei ihm und auch bei Jesus sei alles klar, stellte Jesus ihm die Frage: „Was nennst du mich gut? Keiner ist gut als allein Gott" (Lukas 18, 19).

---

5 Wayne E. Oates, „The Bible in Pastoral Care", Philadelphia 1953, S. 22—23.
6 Ebenda.

Eine Vorstellung vom Gutsein, wie sie der reiche junge Mann hatte, durfte nicht stehengelassen werden. Jesus konnte ihn nicht bei seiner Meinung lassen; ihm mußte deutlich gemacht werden, daß *Gott* heilig und *er* ein Sünder ist.

Jedes System, das den Menschen eigenmächtig ändern will, versagt an zwei Stellen. Es unterschätzt

1. die Probleme des Menschen, und es erkennt damit nicht,
2. daß sie nur von Gott zu lösen sind.

Für den Freudianer ist der Ratsuchende das Opfer einer mangelhaften Sozialisation. Sie meinen, dieses Problem könne durch den Menschen, der es verursacht habe, wieder gelöst werden. Und der erfahrene Analytiker oder Therapeut hilft dabei, etwas von dem in Ordnung zu bringen, was der Mensch angerichtet hat. Die Schüler von Rogers meinen, der Mensch sei im Kern gut und sein Problem bestünde darin, daß er versäumt habe, die in sich vorhandenen Quellen anzuzapfen. Die Lösung besteht nach ihrer Meinung darin, daß der Mensch sein vorhandenes Potential einsetzt.

Die Verhaltenspsychologen wiederum meinen, die menschlichen Probleme seien entstanden, weil der Mensch zu wenig Lernprozesse durchlaufen habe; die Bedingungen dafür waren zu ungünstig. Die Lösung besteht deshalb für sie darin, neue Lernprozesse in Gang zu bringen, damit neue Bedingungen geschaffen werden. Sie setzen bei der Veränderung der Umwelt an.

In all diesen Systemen und unbiblischen Beratungsmethoden ist der Mensch das Maß aller Dinge. Doch mitten in diese Verwirrung hinein spricht Gott. Er gibt uns seine göttliche Offenbarung, die Bibel. Aus diesem Buch lernen wir, daß wir im Grunde nicht „o. k." sind. Unsere Lage ist aussichtslos, denn unser Problem ist die Sünde. Mit unseren schmutzigen Händen können wir nichts schaffen, was Gott gefällt. Wir haben uns gegen unseren heiligen Schöpfer aufgelehnt, seine Gesetze gebrochen und seinen Zorn verdient. Es gibt keine Möglichkeit, ihn durch andere Formen der Sünde oder durch das Sündigen in einer anderen Umwelt zu beschwichtigen.

Wenn wir uns wie Hiob mit Gott auf eine Stufe stellen wollen, wird er zweifellos antworten: „Wer ist der, der den Ratschluß verdunkelt mit Worten ohne Verstand?" (Hiob 38, 2.) Wenn wir aber unsere Sünde bekennen und Gott in völliger Abhängigkeit vertrauen, dann werden wir Vergebung empfangen.

Unser Problem ist nicht die Unreife, die man vielleicht durch einen Lernprozeß überwinden könnte. Meinen wir etwa wie der reiche junge Mann, wir seien „mündig" geworden? — Dabei haben wir es doch am nötigsten, wie Kinder zu werden!

Kapitel 4

Einen Plan entwerfen

Es muß ein Plan für das weitere Vorgehen entwickelt werden, wie man das Problem auf biblische Weise lösen will

Wir sehen, daß gerade dieser Plan in jedem der erwähnten Systeme fehlt. Wir können das auch nicht erwarten. Dort ist kein Platz für das Wort Gottes. Die Freudianer meinen, die Bibel könne das Problem nicht lösen, da sie selber ein Teil des Problems sei. Die Rogers-Schüler nehmen von außen keine Hilfe in Anspruch; für sie ist die Bibel gar nicht zuständig. Die Verhaltenspsychologen meinen, die Bibel enthalte nur Mythologie, die man nicht gebrauchen dürfe, weil sie schädlich oder bestenfalls nutzlos und überflüssig sei.

Eine biblisch gebundene Seelsorge läßt sich nicht mit anderem Gedankengut vermischen. Die Vertreter unbiblischer Theorien wissen das und betonen es auch oft genug (für Freud war z. B. die Religion eine Art Neurose). Wann werden das endlich auch die Christen begreifen und zum Ausdruck bringen und nicht länger glauben, daß humanistische Analysen für die göttliche Lösung der Probleme brauchbar seien? Wann werden wir einsehen, daß es nicht drei oder gar dreißig, sondern nur den einen Weg Gottes gibt, um die Probleme zu lösen?

Aus diesem Grunde sind alle psychiatrischen und psychologischen Systeme abzulehnen, die ihrerseits die Bibel ablehnen. Da die Botschaft des Wortes Gottes dringend gebraucht wird, aber sich sonst niemand der Bibel zuwendet, muß der *christ-*

liche Seelsorger mit dem Ratsuchenden einen biblischen Plan entwerfen, wie die Probleme gelöst werden können.

Was verstehen wir unter einem solchen Plan und wie kann man ihn entwerfen?

1. Er erwächst aus biblischen Voraussetzungen und Prinzipien und stimmt in allen Teilen mit der Bibel überein.
2. Er verfolgt biblische Ziele
3. durch die Anwendung von biblischen Methoden.
4. Er verlangt biblische Motive und setzt sie in die Praxis um.

1. Der Plan erwächst aus biblischen Voraussetzungen und Prinzipien und stimmt in allen Teilen mit der Bibel überein

Wenn ich diese erste These aufstelle, muß ich auf folgendes hinweisen: Oft beziehen sich biblische Anweisungen, Warnungen, Verheißungen usw. *speziell* auf das Problem des Ratsuchenden. Sie können aber auch mehr *grundsätzlich* damit zu tun haben.

Die Bibel befaßt sich zwar mit allen Situationen, die einem Seelsorger im Laufe seiner Arbeit begegnen, und sagt uns alles, was wir für ein Leben nach Gottes Willen wissen müssen. Diese Informationen sind uns aber nicht als Nachschlagewerk gegeben, sondern in ganz unterschiedlichen Formen: als Erzählung, als Dichtung, als Brief, als Lied, als Prophetie, als Gebot, als Spruch. Aus ihnen müssen nun die Voraussetzungen und Grundlinien abgeleitet werden. Nicht selten können solche Grundlinien aber direkt übernommen und zu einem Plan verarbeitet werden.

Oft sind Fragen, die in der Seelsorge auftauchen, in der Bibel nämlich schon besprochen; kein Wunder, denn der sündige Mensch ist derselbe geblieben, deshalb sind auch seine Probleme nicht neu. Die Anweisung des Paulus z. B.: „Und ihr Väter, reizt eure Kinder nicht zum Zorn, sondern zieht sie auf in der Zucht und Vermahnung zum Herrn" (Epheser 6, 4) gilt zu jeder Zeit für jeden christlichen Vater. Die Art, wie Gott erzieht, ist die Norm, nach der sich alle christliche Erziehung zu richten hat. Das macht den Abschnitt so zeitnah. Der begehrliche Blick nach einer Frau ist in jedem Land, in jedem Jahrhundert und in allen Kulturen ein heimlicher Ehebruch.

Solche biblischen Normen lassen sich deshalb unmittelbar auf heutige Fragen anwenden. So kann ein christlicher Seelsorger z. B. auch ohne weiteres einer christlichen Ehefrau, die sich von ihrem ungläubigen Ehemann scheiden lassen will, erklären: „Das ist Sünde; sie dürfen es nicht tun." 1. Korinther 7, 13 gilt unmittelbar auch in dieser Situation.

Es gibt jedoch auch Probleme, die in der Bibel nicht direkt angesprochen werden, z. B. ob ein Pfarrer den Ruf in eine andere Gemeinde ablehnen soll oder ein junges Mädchen den Heiratsantrag annehmen kann. Wieviel hundert anderer Fälle dieser Art — schwerwiegend oder zweitrangig — es auch geben mag, für alle gilt: Die biblischen Prinzipien dafür müssen gefunden werden und damit die richtige Antwort. Das erfordert Zeit, Bibelkenntnis und Weisheit.

Daß christliche Seelsorger ständig von Gemeindegliedern um Rat gefragt werden, liegt z. T. daran, daß sie ihrer Gemeinde nicht gezeigt haben, wie man mit Hilfe der Bibel Probleme praktisch löst. Sie haben zwar mit Erfolg die biblischen Wahrheiten gelehrt — viele Gemeindeglieder können oft schon von Kindheit an alle möglichen Bibelverse zitieren und theologische Spezialfragen beantworten —, aber in Zeiten der Not und der Entscheidung hilft ihnen das nicht viel weiter. Wenn das biblische Wissen nicht in die Praxis umgesetzt wird, ist es nicht nur zwecklos, sondern auch schädlich. Lernen um des Lernens willen führt auf diesem Gebiet dazu, daß die Bibel nur noch zum Argumentieren benutzt wird. Sie gibt dann nur noch Auskunft zu geschichtlichen und dogmatischen Fragen und bestenfalls einige Anweisungen moralischer Art. Aber sie ist kein Buch mehr, in dem man die befreienden Lösungen für seine Lebensprobleme findet. Prediger und Pastoren sollten ihren Gemeindegliedern deshalb helfen, die Bibel auch praktisch anzuwenden. Sie werden sich und ihren Gemeindegliedern damit viel Kopfzerbrechen und viele Stunden seelsorgerlicher Gespräche ersparen.

Ein Plan für das weitere Vorgehen, der sich an biblischen Grundsätzen orientiert und in jeder Beziehung daran festhält, wird auch diese Aufgabe des Seelsorgers direkt oder indirekt unterstützen. Wenn z. B. Thomas sagt: „Ich kann aus meiner Haut nicht heraus; Barbara wird mich so nehmen müssen, wie ich bin", wird der Seelsorger erwidern: „Thomas, wenn du wirklich Christ bist, kannst du auch anders werden; denn dann kann dir der Heilige Geist die nötige Selbstbeherrschung schenken. Barbara sollte sich nicht mit deinen Unarten abfinden, denn Gott tut das auch nicht."

Der Seelsorger wird nun einen Plan für Thomas und Barbara entwickeln, der sich auf die biblischen Grundlinien in Epheser 4, 25—32 stützt. Zuvor wird er aber diesen Text eingehend mit den beiden durchsprechen (sie werden dann bereitwilliger mitarbeiten) und dann etwa so schließen: „Wie du siehst, ist die Lage nicht hoffnungslos. Um mit den Schattenseiten des Temperaments fertigzuwerden, gibt es einige klare Anweisungen:

a) Sprecht täglich miteinander und bringt die Dinge noch am gleichen Tag in Ordnung.

b) Gebraucht im Umgang miteinander Worte, die den anderen ermutigen und nicht nach unten ziehen.

c) Vergebt euch gegenseitig, redet nicht schlecht übereinander und duldet keinen Groll im Herzen.

Ich schlage vor, daß ihr das praktisch übt, indem ihr euch an jedem Tag zu einer bestimmten Uhrzeit zusammensetzt . . ."

Der Seelsorger muß deutlich zwischen den biblischen Grundlinien und seinem Plan unterscheiden. Die Grundlinien sind unveränderlich, der Plan, um diese in die Praxis umzusetzen, kann der Situation angepaßt werden. Der Pianist wird sich allerdings zunächst eine gewisse Grundfertigkeit aneignen müssen, bis er schließlich jede Melodie spielen kann.

Eines ist dabei allerdings wichtig: Wenn die Beratung Erfolg haben soll, hängt alles davon ab, daß die biblischen Grundlinien in einem *konkreten* Plan zur Ausführung kommen. Ohne konkrete Anwendung wird der Plan — auch wenn er noch so biblisch und intelligent ist — nichts ausrichten.

Leider wissen Prediger und Seelsorger oft nur genau, *was* zu tun wäre, aber nicht, *wie* man es tut. Wie oft ist beispielsweise gepredigt worden: „Wir sollten unsere Bibel nicht nur lesen, sondern studieren." Fest entschlossen kommen daraufhin manche Gemeindeglieder aus dem Gottesdienst. Sie wollen das Versäumte nachholen. Gleich am Montag beginnen sie mit dem Studium von 1. Mose 1, 1 — aber bereits am Donnerstag geben sie erschöpft wieder auf, weil sie keine Anleitung zum Bibelstudium bekommen haben.

Wenn man solche Anweisungen in seinen Predigten gibt, muß man den Leuten auch sagen: „Wenn Sie nicht wissen, wie Sie die Bibel studieren sollen, dann kommen Sie doch am nächsten Freitag zur Kirche, denn dann beginnen wir mit einem Kurs über praktisches Bibelstudium."

Der Prediger sollte immer daran denken, daß es nicht genügt, verwirrte, entmutigte und hoffnungslose Menschen aufzufordern, ihre sündigen Angewohnheiten zu lassen.[1] Auf die Frage: „Wie soll ich das machen?" müssen Sie mit einem biblisch begründeten Plan antworten. Am besten warten Sie gar nicht auf diese Frage, denn die meisten Ratsuchenden wissen nicht, was sie tun sollen. Beginnen Sie also mit dem „Wie". Manchmal können Sie dabei auch Literatur benut-

---

1 Seelsorge und Predigt ergänzen einander. Mancher gibt den Rat: „Predige nicht in der Seelsorge!" Warum aber nicht? Wenn jemand gut predigt, wird sein Predigen vieles mit guter Seelsorge gemein haben. Der Rat gilt nur, wenn jemand ein schlechter Prediger ist.

zen, die Sie dem Ratsuchenden mitgeben.[2] Prüfen Sie diese
aber vorher genau und vergewissern Sie sich, ob der Ratsuchende sie wirklich liest.

2. Ein biblischer Plan für das Handeln verfolgt biblische Ziele

Da christliche Seelsorger nicht jedes beliebige Ziel ansteuern
können, sollten sie nicht die übliche verhaltenspsychologische
Zielsetzung übernehmen. Wenn ein Ratsuchender lernen will,
wie man Freundschaften anknüpft, seine Arbeitsstelle behält
oder ein guter Vater wird, können diese Ziele von christlichen Seelsorgern nur unter biblischen Gesichtspunkten besprochen und angegangen werden.
Deshalb wird sich der Seelsorger vorher z. B. folgende Fragen stellen müssen:
Darf der Ratsuchende bei seinem unzuverlässigen Verhalten
überhaupt erwarten, daß er seinen Arbeitsplatz behält?
Will er seine Arbeit zur Ehre Gottes tun?
Kann man ihm in dieser Frage einen Rat erteilen, ohne zuvor
die grundlegenden Aussagen zur Arbeitsethik in Kolosser 3,
22—26 zu besprechen, die sich etwa in den Worten „Ihr dient
dem Herrn Jesus Christus" zusammenfassen lassen?
Solche Fragen stehen an erster Stelle, dann erst können die
Ziele des Ratsuchenden besprochen, beurteilt und wenn nötig
korrigiert werden.
Die einzelnen Probleme lassen sich nicht unabhängig vom
gesamten Lebensstil und der Lebensführung des Ratsuchenden besprechen. Der christliche Seelsorger muß, anders als der
Verhaltenspsychologe, bei seiner Beratung den ganzen Menschen sehen. Wenn z. B. ein Homosexueller von einem Verhaltenspsychologen einen Rat erbittet, wie er sich beruflich

---

2 Z. B. die Taschenbücher von Jay E. Adams „Festgefahren?" und „Was
tun, wenn . . .?".

entscheiden soll, wird dieser in der Regel nicht auf seine Homosexualität eingehen. Der christliche Seelsorger dagegen kann weder das Problem der Homosexualität noch andere Probleme des Ratsuchenden unberücksichtigt lassen, auch wenn sie vordergründig nichts mit der Berufsfrage zu tun haben.

Anormale Ängste (Phobien) wird man unter biblischen Gesichtspunkten behandeln müssen — die Angst des Menschen muß in Beziehung zur „Weisheit" gesetzt werden, die mit der Furcht Gottes beginnt.[3] Man kann die einzelnen Probleme zwar für sich analysieren und behandeln, aber die Zusammenhänge darf man nie außer acht lassen.

Der christliche Seelsorger benutzt die Bibel also, um die Ziele des Ratsuchenden zu überprüfen und wo nötig zu korrigieren. Ziele wie Integration, Sicherheit, Anpassung usw. können nicht unkritisch übernommen werden. William Glasser, der Verfasser des bekannten Buches *Reality Therapy* schreibt z. B.: „Normal ist, wer sich relativ glücklich fühlt und etwas zustandebringt, das ihm innerhalb der Regeln der Gesellschaft, in der er lebt, wertvoll erscheint."[4]

Diese Definition von „normal", die zugleich das Ziel von Glassers Beratung darstellt und durchaus auch für andere Therapeuten repräsentativ ist, erscheint mir in verschiedener Hinsicht fragwürdig. Der Mensch setzt sich hier seine Ziele selbst und beurteilt sie auch selbst. Der einzelne und die ihn umgebende Gesellschaft werden zum Maßstab gemacht. Glasser möchte sowohl den einzelnen als auch die Gesellschaft zufriedenstellen. Einen absoluten, objektiven Maßstab kennt er nicht. Der Ratsuchende bleibt also im relativistischen Subjektivismus persönlicher Neigungen, Wünsche und Phantastereien gefangen. Glasser hält das für richtig, solange der

---

3 Mehr dazu in „Was tun, wenn...? — Angst, Ärger, ausweglose Situationen".

4 William Glasser, „Mental Health or Mental Illness?" New York 1970, S. 1.

einzelne das Leben auf diese Weise — „innerhalb der gesell-schaftlichen Regeln" — bewältigen kann.

Dieser zweite Maßstab ist aber nicht tauglicher als der erste. Glasser möchte, daß der einzelne Mensch sich in die Gesell-schaft einfügt, ob deren Normen nun gut oder schlecht sind. Der Mensch, der z. B. in einer Kopfjägergesellschaft lebt, würde nach einer solchen Beratung seinen Platz als Kopfjäger wahrscheinlich noch erfolgreicher ausfüllen.

Der christliche Seelsorger kann aber weder die persönlichen Maßstäbe eines einzelnen Sünders noch die gemeinsamen Maßstäbe einer sündigen Gesellschaft als Ziel oder Norm für seine Beratung gebrauchen; andernfalls würde er dem Rat-suchenden sündige Ziele setzen. Gott verlangt aber von einem Christen, daß er sich sowohl den eigenen als auch den sün-digen Wünschen der Gesellschaft widersetzt.

Alle biblischen Ziele lassen sich in dem einen Ziel zusammen-fassen: Gott zu verherrlichen. Deshalb muß jeder christliche Seelsorger wie Paulus darum bemüht sein, jeden Menschen vollkommen in Christus darzustellen (Kolosser 1, 28). Der Mensch soll Jesus ähnlich werden; mit weniger gibt sich Gott nicht zufrieden. Um herauszufinden, wie das aussieht, sind wir auf die Bibel angewiesen.

3. Biblische Ziele erreicht man nur durch bibli-sche Methoden

Hier scheitern viele Christen. Obschon sie akzeptieren, daß biblische Ziele nötig sind, fragen sie: „Warum können wir nicht jede beliebige Methode benutzen, um diese Ziele zu erreichen? Wenn die Methoden von Freud, Rogers oder Skinner einem Ratsuchenden helfen, Christus ähnlicher zu werden, sollte man sie auch anwenden." Sie meinen, der Zweck heilige schließlich doch die Mittel. In Wirklichkeit können biblische Ziele aber nur durch biblische Methoden erreicht werden. Humanistische Mittel werden den Glauben nicht fördern. Freud kannte keine Mittel, die den Menschen in das Bild Christi umgestalten sollten. Die Methode von Rogers führt niemanden zur Heiligung, und auf Skinners Wegen wird man keine geistlichen Früchte bringen.

Geistliche Früchte schafft nur der Heilige Geist. Seine Arbeitsweise aber lernen wir nur in der Bibel kennen.

Ich will diese wichtige Frage hier nicht ausführlicher behandeln, da ich dies an anderer Stelle bereits getan habe.[5] Ich möchte aber mit allem Ernst darauf aufmerksam machen, daß zum großen Schaden der Gemeinde Jesu diese heidnischen Methoden (der Gruppentherapie, der Übertragungsanalyse, der Verhaltenspsychologie usw.) heute weithin ebenso unkritisch von den Christen übernommen werden, wie das früher mit den Lehren von Freud und Rogers geschehen ist. Wir müssen der Meinung widerstehen, die Methoden seien neutral und zweitrangig. Die Lade Gottes durfte nur an Stangen und nicht auf einem Ochsenkarren transportiert werden.

4. Der Plan verlangt biblische Motive und setzt sie in die Praxis um

Die Beratung kann daran scheitern, daß trotz biblischer Prinzipien, Ziele und Methoden die Motive für die Einhaltung des Plans unbiblisch sind. Seelsorger werden deshalb immer auch die Motive ihrer Ratsuchenden beachten müssen. Die Beschäftigung mit Motiven ist allerdings eine dornige Sache. Die Seelsorger müssen sie zwar erfragen und darüber sprechen, aber im Letzten beurteilen können wir sie nicht, denn nur Gott kann „Herz und Nieren" prüfen. Der Mensch sieht nur, was vor Augen ist. Der Seelsorger sollte den Ratsuchenden auffordern, sich ehrlich zu prüfen und keine falschen Motive zuzulassen, nachdem er die biblischen Motive

---

5 Vgl. „Handbuch für Seelsorge", S. 9—13.

dargestellt hat, und dann im Gebet alles Weitere Gott über-lassen.[6]

Greifen wir ein Beispiel heraus. Frau M. ist Christin. Sie möchte sich mit ihrem Mann wieder versöhnen, der vor einer Stunde mit den Worten „Ich komme nie mehr wieder!" die Haustür zugeknallt hat. Sie beteuert unter Tränen: „Ich will ja alles tun, um meinen Mann zurückzugewinnen. Sagen Sie mir nur, was ich machen soll!"

Der aufmerksame Seelsorger wird hier stutzen. Frau M. will „alles" tun, also sowohl biblische als auch unbiblische Me-thoden anwenden, um ihr Ziel zu erreichen? Deshalb wird er die Ziele und Motive zur Sprache bringen: „Frau M., als Christin sollten Sie bereit sein, nur den Willen Gottes zu tun. Sie müssen Ihren Mann auch verlieren können, wenn es nach Gottes Willen nicht anders möglich ist. Ich bin zwar überzeugt, wenn etwas Ihren Mann zu Ihnen zurückbringen kann, dann nur Ihr überzeugendes christliches Leben, das Sie führen müssen. Sie dürfen Ihr bisheriges Leben aber nicht nur aus diesem Grunde ändern wollen. Sie müssen es aus echter Reue, aus echtem Glauben und aus echter Liebe zu Gott tun. Wenn Ihr Mann dann zurückkommt, ist Ihre dem Willen Gottes untergeordnete Hoffnung erfüllt. Aber auch wenn er nicht zurückkommt, werden Sie nicht enttäuscht sein, wenn es Ihr Ziel war, den Willen Gottes zu tun. Sie werden dann nämlich so sein, wie Gott Sie haben will."

Ratsuchende sollten also darauf aufmerksam gemacht wer-den, daß das Grundmotiv darin bestehen muß, den Willen Gottes zu tun.

---

6 Natürlich wird man schließlich die Motivation erkennen (vgl. Matth. 7, 16).

Kapitel 5

Die Durchführung des Planes

Der Ratsuchende muß mit dem biblischen Vorgehen einverstanden sein

Das ist der fünfte Faktor, der beim Gebrauch der Bibel in der Seelsorge zu beachten ist. Er läßt sich durch nichts ersetzen. Richtige Ziele und Motive, genaue Pläne und Methoden, auch wenn sie für den Ratsuchenden sehr wichtig sind, können die Mitarbeit des Ratsuchenden selbst nicht ersetzen. Solange der Ratsuchende nicht tatsächlich Gottes Willen tut, nachdem er seine Sünde und den Willen Gottes erkannt hat, ist alles vergeblich. Man könnte fragen: „Nun, warum sollte er diesen letzten Schritt nicht auch tun, nachdem er ihn doch klar erkannt hat?" Darauf gibt es vier Antworten, die jeder Seelsorger immer wieder zu hören bekommt:

„Ich kann nicht."

„Ich will nicht."

„Das ist mir zu unangenehm."

„Ich habe Angst davor."

Manchmal ist es z. B. nötig, daß ein Ratsuchender, der vor Gott bekannt hat, daß er schlecht über einen anderen geredet hat, nun auch die Menschen um Verzeihung bittet, über die er geredet hat. Wenn der Seelsorger ihn dazu auffordert, muß er sich auf jede dieser vier Antworten gefaßt machen.

Wenn der Ratsuchende sagt *„Ich kann nicht"*, meint er oft „Es ist zu schwer" oder „Ich habe dazu einfach nicht die Kraft". Der Seelsorger sollte ihm dann anhand der Bibel die Gewißheit geben, daß Gott niemals etwas von seinen Kindern verlangt, was sie in der von ihm geschenkten Kraft nicht ausführen können (vgl. 1. Korinther 10, 13).

Manchmal scheint sich hinter dem Satz „Ich kann nicht" zunächst ein „Es ist mir zu schwer" zu verbergen. In Wirklichkeit meint der Ratsuchende aber: „Ich weiß nicht, wie ich es machen soll." Aus diesem Grunde meint er oft, die Aufgabe sei zu schwer.

Vielleicht erlaubt es die Situation, dann auf ein biblisches Beispiel hinzuweisen: „Paulus hat in einer ähnlichen Situation einmal folgendes empfohlen..." Der Seelsorger kann aber auch auf einen biblischen Grundsatz hinweisen und diesen auf die konkrete Lage anwenden: „Weil Sie die Sonne über Ihrem Zorn nicht untergehen lassen dürfen, sollten Sie noch heute mit Ihrem Bekannten sprechen. Rufen Sie ihn an."

Wie verhält sich der Seelsorger aber, wenn er zur Antwort bekommt: *Ich will nicht*"? Die Erfahrung lehrt, daß Ratsuchende zunächst oft hartnäckig ausweichen, bevor sie schließlich nachgeben. Wenn der Seelsorger also strikt auf der Einhaltung biblischer Grundlinien besteht und dem Ratsuchenden noch einmal die ganze Verantwortung vor Gott zeigt und ihn ermutigt, sich die Hilfe Gottes zu erbitten, macht sich das meist bezahlt. Der Ratsuchende wird seinen Widerstand aufgeben und dem Wort Gottes gehorchen — oft schon am nächsten Tag.

Die Antwort „Ich will nicht" kann aber auch wirkliche Auflehnung sein. Der Seelsorger muß sich genügend Zeit nehmen, um herauszufinden, ob es sich wirklich um einen bewußten Entschluß oder um etwas anderes handelt. Wenn er zu dem Ergebnis kommt, daß der Ratsuchende sich der Autorität Jesu Christi und der Bibel nicht beugen will, muß er ihn darauf hinweisen, daß dies ein Ausschluß aus der Gemeinde zur Folge haben wird. Findet diese Warnung kein Gehör, muß Gemeindezucht geübt werden, und zwar in der Hoffnung, daß diese zur Buße und zu wirklich praktischem Glauben führt. Andernfalls werden die Ältesten der Gemeinde den betreffenden Menschen aus der Gemeinde ausschließen müssen.

Die Antwort: *„Das ist mir zu unangenehm"* ist vom Seelsorger dagegen freundlich, aber mit Bestimmtheit zurückzuweisen. Er sollte dem Ratsuchenden sagen: „Natürlich ist das unangenehm; und es wird auch mit der Zeit nicht angenehmer werden. Deshalb ist es besser, Sie erledigen die Sache sofort. Sie werden sonst nicht weiterkommen." Um das noch zu bekräftigen, kann der Seelsorger auf Psalm 32 hinweisen, in dem David beschreibt, was er erlitt, als er seine Sünde zu verbergen suchte. Wir sollten uns dadurch ermutigen lassen, das Bekenntnis unserer Sünde nicht hinauszuschieben. Am Schluß des Psalms werden wir aufgefordert, uns nicht wie Rosse oder Maultiere zu benehmen, die erst zum Gehorsam gezwungen werden müssen.

Der Antwort *„Ich habe Angst davor"* kann etwa in gleicher Weise erwidert werden. Wenn die Angst sehr groß ist, wird man die Ratsuchenden entsprechend stärker ermutigen müssen. Man sollte sie daran erinnern, daß sie nicht „einen Geist der Furcht, sondern der Kraft und der Liebe und der Zucht" empfangen haben (2. Timotheus 1, 7). Dazu kann erläutert werden: „Der Heilige Geist wird Ihnen Kraft geben, die Angst durch Liebe und Zucht zu überwinden. Johannes sagt: ‚Die völlige Liebe treibt die Furcht aus' (1. Johannes 4, 18). Sie müssen Ihre Liebe zu Gott dadurch beweisen, daß Sie trotz Ihrer Angst tun, was er Ihnen sagt. Sie sollten sich im Gebet dazu überwinden, den Willen Jesu zu erfüllen und dem Wort Gottes ganz gehorsam zu sein. Wenn Sie sich erst einmal nicht mehr von Ihrer Angst bestimmen lassen, sondern Gott gehorsam geworden sind, wird die Angst bald gänzlich verschwinden. Ein großer Teil Ihrer Angst besteht nämlich darin, daß Sie Angst vor der Angst haben."[1]

---

1 Wenn jemand Gott und seinen Nächsten liebt und ohne Rücksicht auf die Folgen („Mag kommen, was will") tut, was die Bibel fordert,

Wenn sich der Ratsuchende entschlossen hat mitzuarbeiten, sollte sich der Seelsorger darum kümmern, wie und was der Ratsuchende im einzelnen tun will. Wenn er z. B. einen anderen Menschen um Vergebung bitten möchte, muß ihm vielleicht gesagt werden, wie er das praktisch tun kann. Will er einen Entschuldigungsbrief schreiben, sollte er zunächst einmal einen Entwurf vorlegen, damit man ihn noch einmal miteinander besprechen kann, bevor er endgültig abgeschrieben und weggeschickt wird. Der Seelsorger muß nämlich mit der Ungeschicklichkeit des Ratsuchenden rechnen. Es kann passieren, daß er sonst schreibt: „Hans, ich möchte mich bei Dir für die freche Antwort entschuldigen, die ich Dir gab, als Du mir Deine schmutzigen Geschäftsmethoden beschrieben hast."

So wird er aber nicht schreiben können, weil er seine Entschuldigung mit einem Vorwurf verbindet. Emotional geladene Ausdrücke wie „schmutzige Geschäftsmethoden" stiften eher neuen Streit als Versöhnung. Sie gehören nicht in einen Entschuldigungsbrief.

Empfehlen Sie dem Ratsuchenden (besonders, wenn er noch wankend ist), schwierige Aufgaben so früh wie möglich zu erledigen. Auch Abraham „machte sich früh auf" zu der wohl unangenehmsten Aufgabe, die er jemals zu tun hatte, um seinen Sohn Isaak zu opfern. Je länger wir eine schwierige Angelegenheit hinausschieben, desto schwieriger wird sie uns erscheinen und desto unfähiger werden wir uns fühlen.

Wir können zusammenfassen: Der Seelsorger muß dem Ratsuchenden helfen, seine Probleme biblisch zu lösen. Doch auch nachdem die Schwierigkeiten beseitigt sind, wird der Ratsuchende nicht zu Gott sagen können: „Wir beide sind o. k.!" Im folgenden Kapitel werden wir noch sehen, daß weder dem Seelsorger noch dem Ratsuchenden, sondern allein Gott alle Ehre gebührt, der durch sein Wort und seine Macht die Seelsorge in allen Dingen zu einem guten Ende führte.

---

wird er sich zum erstenmal von der Angst befreien können. Die Angst vor der Angst schafft Angst. Vgl. dazu „Was tun, wenn...?"

Kapitel 6

Der Heilige Geist und die Bibel

Wenn ein Christ zu seinem Seelsorger kommt und Hilfe sucht, sollte er erwarten können, daß ihm dieser — wie ein alttestamentlicher Levit — Hilfe aus der Heiligen Schrift anbietet. „Denn des Priesters Lippen sollen die Lehre bewahren, daß man aus seinem Munde Weisung suche; denn er ist ein Bote des Herrn Zebaoth (Maleachi 2, 7; vgl. auch Nahum 8, 7—9). Es sollte sowohl für den Ratsuchenden wie auch für den Seelsorger keine Frage sein, daß der zu gebende seelsorgerliche Rat an die Bibel gebunden sein muß. Wenn der neutestamentliche Bote seinem Herrn gehorsam sein will, darf er nicht anders handeln als seine alttestamentlichen Vorgänger.

Die Seelsorge hängt nämlich auch deshalb in jeder Hinsicht von der Bibel ab, weil darin nicht menschliche Seelsorger ihre Ratschläge geben, sondern der Heilige Geist, den Johannes „Tröster" (Ratgeber, z. B. Johannes 14, 16) und Jesaja „Geist des Rates" (Jesaja 11, 2) nennt. Durch diesen Geist hat Gott uns sein Wort gegeben.

Es sollte uns deshalb nicht überraschen, wenn er durch die Bibel wirkt und so seine Aufgabe als der Tröster erfüllt. Dies hat Paulus mit den Versen 4 und 13 in Römer 15 auch gemeint: „Denn was zuvor geschrieben ist, das ist uns zur Lehre geschrieben, auf daß wir durch die Geduld und den Trost *(paraklesis)* der Schrift die Hoffnung festhalten ... Der Gott aber der Hoffnung erfülle euch mit aller Freude und Frieden im Glauben, daß ihr völlige Hoffnung habt durch die Kraft des Heiligen Geistes."

Zuerst stellt Paulus fest, daß die Hoffnung aus der Schrift

kommt, und dann, daß die Hoffnung durch den Heiligen Geist gegeben wird. Das ist kein Widerspruch. Paulus kann einmal den Geist ein andermal die Schrift als Quelle der Hoffnung nennen; denn der Geist wirkt durch die Schrift. Auch sonst trennen wir ja nicht zwischen einem Autor und seinem Buch. Wir können ohne weiteres und ohne jedes Mißverständnis hervorzurufen sagen: „Dieses Zitat stammt von C. S. Lewis." Oder: „Dieses Zitat stammt aus dem Buch ‚Pardon, ich bin Christ' von C. S. Lewis." So ähnlich, aber unter stärkerer Betonung des Menschen, durch den das Wort vermittelt wurde, verhält es sich auch mit dem biblischen Zitat: „... der du durch den Heiligen Geist durch den Mund unseres Vaters David, deines Knechtes, gesagt hast..." (Apostelgeschichte 4, 25; vgl. auch 1, 16 und Hebräer 3, 7).

Wir stellen also fest: „Der Rat des Heiligen Geistes ist so eng mit der Bibel verknüpft, daß er mit ihren Aussagen identisch ist und nur in dieser gefunden werden kann. Paulus spricht deshalb auch von dem Rat bzw. dem Trost *der Schrift*.

Sowohl der Seelsorger als auch der Ratsuchende sollten sich mit dieser Tatsache vertraut machen. Für den Seelsorger wird sie eine Erleichterung sein: „Ich stehe mit meiner Beratung nicht allein, wenn ich mich auf die biblischen Wahrheiten stütze." Und der Ratsuchende, der dem Seelsorger gegenübersitzt, wird froh sein, daß er sein Verhalten nicht mehr aus eigener Kraft ändern muß; denn das hat er schon oft erfolglos versucht. Die positiven Veränderungen bringt er nicht selbst zustande. Mit Paulus nennt er sie „Frucht (d. h. Auswirkung) des Geistes". Gott gibt den Christen die Verheißung, daß sie nach seinem Willen leben können (vgl. Hesekiel 36, 27), und durch den Heiligen Geist schafft er es, daß dies praktisch geschieht.

1. Der Heilige Geist gibt dem Seelsorger Verständnis und Weisheit, damit dieser durch das Studium der Schrift erkennen und erklären kann, wie man nach Gottes Willen leben

soll. Dies tut er als der Geist der Wahrheit (Johannes 14, 7; 15, 26; 16, 13) und der Weisheit (Jesaja 11, 2; 1. Korinther 2, 13).

2. Er gibt den Christen die Kraft, den Willen Gottes nicht nur zu bejahen, sondern auch zu tun. Das tut er als der Geist der Heiligung (Römer 1, 4).

Dieses zweifache Werk des Geistes ist sehr wichtig, denn der Seelsorger muß die Wahrheit Gottes erkennen, um zu sagen und vorzuschlagen, was Gott will, auch wenn er auf Widerstand stößt und versucht ist, vom biblischen Weg abzuweichen. Und der Ratsuchende sollte nicht nur seine Lage richtig erkennen, sondern auch bereit sein zu tun, was Gott von ihm erwartet. In der biblischen Seelsorge arbeitet der Geist — wie er will — sowohl am Seelsorger als auch am Ratsuchenden; er greift die Probleme von beiden Seiten an.

Was bedeutet die Wirksamkeit des Heiligen Geistes nun z. B. im Blick auf unseren ersten Leitsatz für biblische Lebensberatung: „Die Probleme des Ratsuchenden müssen richtig — und das heißt biblisch — beurteilt werden"?

Der Heilige Geist bringt Erkenntnis der Sünde (Johannes 16, 8); dasselbe bewirkt auch die Bibel; sie überführt uns als Übertreter (Jakobus 2, 9). Paulus weist nun den jungen Timotheus an: „Predige das Wort" (2. Timotheus 4, 2). Als Erklärung fügt er hinzu: „Weise zurecht, drohe, ermahne." Das Wort „weise zurecht" wird sonst mit „überführen" wiedergegeben. In Titus 1, 9 schreibt Paulus: „... der sich hält an das Wort, das gewiß ist nach der Lehre, auf daß er mächtig sei, zu ermahnen durch die gesunde Lehre und zu überführen, die da widersprechen." Und in Titus 2, 15 betont er: „Solches rede und ermahne und stelle ins Licht (eigentlich: überführe) mit ganzem Ernst."

Nicht Timotheus oder Titus sind die, die überführen, sondern der Heilige Geist ist es. Es ist allerdings zu beachten, daß er dabei den Verkündiger oder den Seelsorger als seinen Vermittler und die Schrift als sein Werkzeug benutzt.

Ein Lebensproblem kann also erst dann richtig beurteilt werden, wenn der Heilige Geist den Ratsuchenden dazu befähigt, sich in den Worten der Bibel wie in einem Spiegel wiederzuerkennen, und er dadurch von seinen Sünden überführt wird. Dazu ist es nötig, daß wir mit Gottes Maßstab messen. Paulus meint dasselbe, wenn er sagt: „Aber die Sünde erkannte ich nicht, außer durchs Gesetz" (Römer 7, 7).

Alle modernen Versuche, die menschlichen Probleme auf andere Weise lösen zu wollen, müssen scheitern. Ohne Zweifel bewirkt die Sünde Entfremdung, aber sie kann nicht mit Entfremdung gleichgesetzt werden. Auch ungenügende Lernprozesse und schlechte Anpassung an die Mitmenschen spielen mit, aber die Sünde kann nicht mit diesen Dingen gleichgesetzt werden. Sünde führt zu einer falschen Lebenseinstellung; diese aber ist nicht das eigentliche Kennzeichen der Sünde. Die Lebensprobleme erscheinen nur dann im richtigen Licht, wenn in ihnen die grundlegende Dimension der Sünde, nämlich „die durch Gesetzlosigkeit gekennzeichnete Auflehnung gegen Gott" erkannt wird. Wo jemand diese Überzeugung gewinnt, ist das ausschließlich auf den Heiligen Geist zurückzuführen, der durch das biblische Wort wirkt.

Wir haben gesagt, daß der Heilige Geist nicht nur dem Ratsuchenden, sondern auch dem Seelsorger hilft. Der Heilige Geist, der seiner Gemeinde Trost bringt, wirkt durch die, in denen das Wort Christi reichlich wohnt (Kolosser 3, 16). Und an einer anderen Stelle sagt Paulus: Ihr seid „erfüllt mit aller Erkenntnis, daß ihr euch untereinander ermahnen könnt" (Römer 15, 14). Weder der Ratsuchende noch der Seelsorger können stolz auf Fortschritte sein, die in der Seelsorge erzielt werden. Aller Erfolg ist eine Frucht des Heiligen Geistes. Von ihm hängt alles ab.

Kapitel 7

Der geistliche Kampf
in der Seelsorge

Es genügt noch nicht, daß der Christ Gottes Wort annimmt, seine Sünde erkennt und Buße tut. Ziel der Seelsorge ist, daß er auch in Zukunft vor sündhaften Taten und sündigem Verhalten bewahrt wird. Die härteste Nuß gibt ihm dabei immer wieder die apostolische Anweisung zu knacken: „Was ihr auch gelernt, empfangen, gehört und gesehen habt an mir, das tut; so wird der Gott des Friedens mit euch sein" (Philipper 4, 9). Die Wahrheit hören, kennen und in der Praxis sehen ist noch etwas anderes, als selbst „in der Wahrheit zu wandeln".

Wir fragen: Wie bringt Gottes Geist den Christen dazu, daß er „in Gottes Geboten wandelt" (Hesekiel 36, 27)? Oder mit anderen Worten: Wie kann der Christ den in Galater 5 erwähnten Kampf gegen „die Lüste des Fleisches" erfolgreich führen? Das grundlegende Problem der Seelsorge ist, bleibende Veränderung zu bewirken. Um diese Frage zu klären, wollen wir den Abschnitt aus dem Galaterbrief kurz untersuchen.

Was darin sofort auffällt, ist die betonte Formulierung: „Das Fleisch streitet wider den Geist und der Geist wider das Fleisch" (V. 17). Die beiden „sind widereinander, daß ihr nicht tut, was ihr wollt" (V. 17). Die Worte „was ihr wollt" beziehen sich auf die Dinge, die Christen gemäß dem Willen Gottes tun.

Es ergeben sich für die Seelsorge wenigstens drei Fragen aus diesem Text:

1. Was bedeutet hier „Fleisch"?

2. Wie lassen sich die „Lüste des Fleisches" überwinden?

3. Wie läßt sich das in der Seelsorge im einzelnen verwirklichen?

1. Was bedeutet „Fleisch"?

Die Frage nach der Bedeutung des Begriffs „Fleisch" bei Paulus ist viel untersucht worden. Er begegnet uns vor allem (wenn auch nicht ausschließlich; vgl. Römer 13, 14; Epheser 2, 3) in den schon genannten Versen des Galaterbriefes und in Römer 7 und 8. In jedem dieser Abschnitte wird „Fleisch" einem anderen, positiven Begriff gegenübergestellt: dem *Geist* als der *„neuen Gesinnung"*, die Christus gibt, und dem *„inneren Menschen"*. Auf der anderen Seite wird „Fleisch" im Sinne von *„der alte Mensch"*, der *„Leib der Sünde und des Todes"*, die *„Glieder des Leibes"*, die *„Geschäfte des Fleisches"*, das *„frühere Leben"*, die *„innewohnende Sünde"*, die *„Sünde in den Gliedern"* und *„das Böse in mir"* gebraucht.

Der Gegensatz ist unüberbrückbar und wird als Kampf im Innern des Gläubigen ausgetragen. Dennoch ist der Gläubige für die „Werke des Fleisches" verantwortlich, zu denen es kommt, wenn er dem „Willen des Fleisches" nachgibt. Statt der „Lust des Fleisches" oder dem „Bösen in mir" oder der „Sünde in meinen Gliedern" zu gehorchen, kann er ihnen nämlich auch entgegentreten. Die „Lust des Fleisches" muß nicht zu „Werken des Fleisches" führen.

Lehrt Paulus damit etwa den griechischen Dualismus, nach dem der fleischliche Leib, der als böse angesehen wurde, im Gegensatz zur Seele steht, die als heilig galt? Keinesfalls! Das Christentum galt den Griechen als höchst anstößig. Die christlichen Prediger lehrten nämlich, daß der Leib an sich nicht böse, sondern gut sei und erlöst auferstehen würde.

Die Fleischwerdung Christi straft alle griechischen und gnostischen Vorstellungen Lügen, die einen Gegensatz zwischen dem bösen Leib und der guten Seele konstruieren. Die christliche Anthropologie hat sich schon immer gegen diese dualistischen Vorstellungen gewehrt.

Manche Theologen haben sich — vielleicht aus berechtigter Sorge, der Leib könnte wie bei den Griechen als an sich böse angesehen werden — gescheut, die eindeutigen Anweisungen des Paulus über die „Lüste des Fleisches" zu übernehmen. Sie behaupteten, „Fleisch" müsse sich bei Paulus auf etwas anderes als auf den Leib beziehen. Einige haben das Wort dann als menschliches „Ich" verstanden; andere wieder vermuteten einen rein „ethischen" Sinn. In jedem Fall wollte man den Begriff in jeder Beziehung vom Körperlichen lösen.

Das wirft jedoch ein anderes Problem auf: Wie kann ein Mensch mit einem „Fleisch" fertigwerden, das aus einem ethischen Begriff oder seinem eigenen Ich besteht, das aber weder mit dem „inneren Menschen" noch mit der „Gesinnung" identisch ist? Der Kampf spielt sich hier ausschließlich auf einer abstrakten Ebene ab und bringt keine Hilfe für die entscheidenden Lebensbereiche, in denen sich der Christ bewähren muß.

In diesen Bereichen ist aber vor allem die Tatsache von Bedeutung, daß sich der Begriff „Fleisch" zunächst tatsächlich auf das Leibliche bezieht. Diese grundlegende Bedeutung läßt sich nicht so leicht beiseite schieben, wenn man seine schon genannten Synonyme und Verbindungen mit anderen Wörtern bedenkt. Obwohl im Gegensatz zu dem von Paulus beschriebenen „inneren Menschen" nirgends ausdrücklich von einem „äußeren Menschen" die Rede ist, läßt sich diese Verbindung dem Textzusammenhang entnehmen.[1] Welchen Gegensatz zum „inneren Menschen" gibt es denn außer dem Leib sonst noch?

---

1 In Römer 2, 28 wird allerdings von „äußerlich am Fleisch" gesprochen.

Führt uns dies nicht aber doch zum griechischen Dualismus? Nein. Wir haben es hier nämlich mit einer Antithese zu tun. Jeder wird leicht erkennen, daß in Galater 5 und Römer 6—8 der Geist und der innere Mensch, den der Geist erneuert, als Antithese zum Leib und dessen noch vorhandenen *üblen Gewohnheiten* steht.[2]

Mit dem Begriff „Fleisch", den Paulus im negativen Sinn verwendet, ist also der menschliche Leib gemeint, der an die Wege der Welt und nicht an die Wege Gottes gewöhnt ist. Der Gedanke der leiblichen Gewöhnung ist in den entsprechenden Zusammenhängen häufig zu finden. „Fleisch" meint sowohl die „frühere Lebensweise" als auch die „früheren Gewohnheiten", die in Epheser 4, 22 auch mit dem Begriff „alter Mensch" wiedergegeben werden. Es handelt sich dabei um den „alten Menschen mit seinen Werken" (Kolosser 3, 8).[3]

Da wir die Glieder unseres Leibes beständig der Sünde zur Verfügung gestellt haben (Römer 6, 13.19), sind uns die sündigen Wege in „Fleisch" und Blut übergegangen. Bevor ein Mensch Christ wird, ist er ein gehorsamer Sklave, der die Glieder seines Leibes seinem Herrn, der Sünde, zur Verfügung stellt, um dessen Wünsche auszuführen. Als Christ aber muß er lernen, die Glieder seines Leibes mit der gleichen Willigkeit Gott zur Verfügung zu stellen.

Die Macht der Gewohnheit ist groß. Es ist nicht leicht, Gott mit einem Leibe zu dienen, der noch zum Teil an die Sünde gewöhnt ist. Auch dann, wenn der Gläubige den aufrichtigen Wunsch hat, nicht mehr zu lügen, seine Zunge im Zaum zu halten, nicht aufzubrausen und viele andere Laster loszuwerden, wird er es aus eigener Kraft nicht schaffen. Im Galater- wie im Römerbrief ist der Weg beschrieben, der zum Sieg führt. Damit kommen wir zur nächsten Frage:

---

2 Einschließlich des Verstandes.
3 Hier wird nicht einfach das Wort *ergon*, die Tat, sondern *praxis*, die Art und Weise zu leben, benutzt.

2. Wie läßt sich die „Begierde des Fleisches" überwinden?

Die Antwort des Paulus ist eindeutig: „Wandelt im Geist, so werdet ihr die Lüste des Fleisches nicht vollbringen" (Galater 5, 16). Zwei Verse weiter fügt er hinzu, daß dieser Wandel unter der Leitung des Geistes geschieht (V. 18). Und im Römerbrief (8, 13—14) sagt er dann: „Denn wenn ihr nach dem Fleisch lebet, werdet ihr sterben müssen; wenn ihr aber durch den Geist des Fleisches Geschäfte tötet, so werdet ihr leben. Denn welche der Geist Gottes treibt, die sind Gottes Kinder."

Das ist eindeutig. Der Geist Gottes führt den Gläubigen zu einer neuen Lebensweise. Es ist nötig, daß wir uns dieses „Führen" noch etwas genauer ansehen, denn es geschieht nicht so, wie man es sich bisher (in oberflächlicher Weise) oft vorgestellt hat. Das Ziel ist besonders schön beim Propheten Hesekiel mit den Worten beschrieben: „Ich will meinen Geist in euch geben und will solche Leute aus euch machen, die in meinen Geboten wandeln und meine Rechte halten und danach tun" (Hesekiel 36, 27).

Wenn nun ein Ratsuchender kommt und sagt: „Ich *spüre* aber nichts von einer Führung", sollte ihn der Seelsorger darauf hinweisen, daß dies auch nicht notwendig ist. In beiden Stellen (Römer 8, 1—15; Galater 5, 16—18) wird nichts davon gesagt, daß der Christ in seinen Entscheidungen durch seine *Gefühle* geführt wird. Vielmehr wird der Christ dort als ein Mensch dargestellt, der durch den *Geist* zu einem neuen Leben geführt wird, indem er den Willen Gottes tut. Die Betonung liegt auf der vom Geist geschenkten Kraft, die eine neue Lebensweise ermöglicht. So bezieht sich der erste Teil von Römer 8 auf das christliche Leben, das nach dem Geist (V. 4 und 12) und mit einer geistlichen Gesinnung (V. 6 und 9) gelebt werden muß. Die Führung des Geistes ist deshalb eng mit dem „Töten der fleischlichen Geschäfte" verknüpft (V. 13). Von schönen Gefühlen ist nirgendwo die Rede.

Ein Christ ist also ein Mensch, der durch den Hirtendienst des Geistes auf die Wege der Gerechtigkeit geführt wird, indem er die sündigen Gewohnheiten seines „alten Menschen" tötet und Früchte des Geistes hervorbringt. Nach den Worten des Paulus kann man einen Gläubigen an dem Prozeß der Heiligung erkennen, der ihn zum Guten hin verändert.

In Galater 5, 16 fordert Paulus die Christen auf: „Wandelt im Geist, so werdet ihr die Lüste des Fleisches nicht vollbringen." Der Geist gibt dem Gläubigen die Kraft, das Verlangen des Fleisches (d. h. die im Leibe angelegten sündigen Triebe, die sich entfalten wollen) zu überwinden, so daß er die „Werke des Fleisches" nicht zu tun braucht. Er führt ihn auch zu einem neuen Verhalten, das dem neuen Wandel eines Christen entspricht. Oder anders ausgedrückt: Der Heilige Geist führt den Gläubigen dahin, daß er die „Früchte des Geistes" hervorbringt.

Wenn Paulus von der Führung durch den Heiligen Geist spricht, hat er immer die Heiligung als ihr Ziel im Sinn. Er denkt dabei also nicht an besondere Offenbarungen, Eindrücke, Gefühle oder persönliche Erlebnisse, sondern an die Kraft des Heiligen Geistes, die den Gläubigen dazu ausrüstet, die Begierde des Fleisches zu überwinden und eine neue Lebensweise einzuüben. Damit kommen wir zur dritten Frage.

3. Wie kann der Christ den Kampf gegen das „Fleisch" gewinnen?

Die Antwort ist für die Seelsorge entscheidend. Wir wollen sie hier aber nur kurz besprechen, da ich sie an anderer Stelle ausführlich behandelt habe.[4]

---

4 Vgl. „Handbuch für Seelsorge", S. 129 ff.

Machen wir uns das Problem an einem Beispiel klar: Einem Ratsuchenden fällt es schwer, bei der Wahrheit zu bleiben. Weil er Christ ist, weiß er, daß Gott die Lüge nicht liebt. Trotz guter Vorsätze und viel ernstem Gebet muß er aber erkennen, daß er sozusagen „automatisch" lügt, sobald er unter Druck kommt. Manchmal sind ihm die Lügen bereits über die Lippen gerutscht, bevor er es merkte. Er reagiert so, weil sein „Fleisch" nach alter Gewohnheit immer wieder in der Lüge Zuflucht sucht.

Nehmen wir ein anderes Beispiel: Vielleicht hat der Ratsuchende früher viel gestohlen. Er wird erkennen, daß es nicht genügt, eine Zeitlang nicht mehr zu stehlen, um kein Dieb mehr zu sein. Wie wird er mit dem Verlangen des „Fleisches" fertig? Was tun Drogenabhängige, Alkoholsüchtige und Homosexuelle, die erkannt haben, daß man auch mit gutem Willen nicht einfach von diesen Dingen loskommt? Wie kann man ihnen helfen?

Es gibt nun christliche Seelsorger, die dieses Problem zu lösen versuchen, indem sie auf die Frage: „Wann ist ein Dieb kein Dieb und ein Lügner kein Lügner mehr?" antworten: „Wenn der eine zu stehlen und der andere zu lügen aufhört." Aber das bringt eben nicht weiter. Der biblisch orientierte Seelsorger wird sich deshalb an Epheser 4 und Kolosser 3 halten, wo Paulus sagt, daß der „vorige Wandel" und die „Werke des alten Menschen" abzulegen und „der neue Mensch" anzuziehen ist.

Wenn ein Lügner aufhört zu lügen, hat er nur die Hälfte von dem getan, was Gott von ihm erwartet. Denn ein Lügner ist immer noch ein Lügner, auch wenn er im Augenblick nicht lügt, und ein Dieb ist immer noch ein Dieb, auch wenn er im Augenblick sein „Handwerk" nicht ausübt. Ein Lügner ist nur dann kein Lügner und ein Dieb nur dann kein Dieb mehr, wenn sie etwas anderes geworden sind. Paulus schreibt: „Darum legt die Lüge ab und redet die Wahrheit, ein jeglicher mit seinem Nächsten, weil wir untereinander Glieder sind" (Epheser 4, 25). Und: „Wer gestohlen hat, der stehle nicht mehr, sondern arbeite und schaffe mit seinen Händen etwas Gutes, auf daß er habe zu geben dem Bedürftigen" (Epheser 4, 28). Auf die Frage: Wann ist ein Dieb kein Dieb mehr? müßte also die Antwort lauten: Wenn er einer geregelten Arbeit nachgeht und den Bedürftigen gibt.

Der Heilige Geist führt nicht nur aus dem alten Leben heraus, sondern auch in das neue Leben hinein. Mit seiner Hilfe kann es der Christ lernen, den „Begierden des Fleisches" zu widerstehen und die „Werke des Fleisches zu töten" (Römer 8, 13), um statt dessen „Früchte des Geistes" hervorzubringen. Erst wenn neue Verhaltensweisen eingeübt sind, kann das „Fleisch" nicht mehr herrschen.

Das Ziel der christlichen Seelsorge ist also ein neues Leben mit neuem Verhalten. Wenn es beim Ratsuchenden nicht zu dieser doppelten Veränderung kommt, ist das Ziel nicht erreicht. Der Seelsorger wird also nicht ruhen, bis die neuen Wege Gottes im Leben des Ratsuchenden verwirklicht sind.

Kapitel 8

Praktische Beispiele

In diesem Kapitel möchte ich einige der gefundenen Grundsätze anhand von Beispielen konkretisieren. Ich werde mich dabei aber auf den einen Aspekt beschränken, wie der Seelsorger in dem einen oder anderen Fall die Bibel anwenden sollte, ohne die Durchführung der gesamten Beratung zu besprechen.

Sie werden beim ersten Beispiel merken, daß hier mehrere Probleme zusammenkommen (wie in den meisten Fällen). Ich werde aber nur das erste und zunächst wichtigste herausgreifen.

„Ich mache Schluß!"

Um ein Uhr nachts klingelt bei Ihnen das Telefon. Sie sprechen mit Frau M., einer Frau in den mittleren Jahren, Mutter von zwei fast erwachsenen Töchtern. Frau M. gehört zu Ihrer Gemeinde. Obwohl sie in letzter Zeit nicht im Gottesdienst war, haben Sie nichts von Schwierigkeiten in der Familie gehört. Während des Telefongesprächs stellen Sie fest, daß Frau M. offensichtlich getrunken hat und, was noch schlimmer ist, droht, Selbstmord zu begehen.

Auf die Frage, wie sie sich denn das Leben nehmen wolle, antwortet sie schnell und hörbar erschrocken: „Ich habe hier eine geladene Pistole." Sie bemühen sich, der Sache auf den Grund zu gehen, aber Frau M. will nicht über ihre Probleme reden, bevor Sie ihr nicht hochheilig versprochen haben, daß Sie keinem Menschen jemals etwas davon sagen werden.

In dieser Situation kann offensichtlich kein seelsorgerliches Gespräch geführt werden. Es ist wichtig, daß der Seelsorger das erkennt. Solange Frau M. unter Alkoholeinfluß steht, wird man ihren Problemen nicht beikommen. Außerdem stellt sie Forderungen, auf die man sich in der Seelsorge nicht einlassen sollte. Sie möchte absolutes Schweigen über die Sache erzwingen. Die Aufgabe des Seelsorgers kann also zunächst nur sein, die Frau dazu zu bringen, ihre Pistole zur Seite zu legen. Er sollte sich nicht von vornherein zu absoluter Verschwiegenheit verpflichten lassen, sondern sich von Stellen wie Sprüche 12, 13 und 20, 25 vor übereilten Gelübden warnen lassen. Wenn der Ratsuchende etwas Gesetzwidriges getan hat, sollte der Seelsorger um seinetwillen und auch um der Gesellschaft willen darauf dringen, daß der Ratsuchende diese Dinge ans Licht bringt. Der Seelsorger sollte auch keine als vertraulich ausgegebene Information annehmen.[1]

Der Seelsorger wird also etwa sagen: „Liebe Frau M., Sie können mir vertrauen; ich werde Ihnen so helfen, wie es die Bibel von mir erwartet." Oder: „Diese wichtige Sache läßt sich nicht am Telefon regeln. Ich werde aber zu Ihnen kommen, und dann können wir in Ruhe darüber sprechen."

„Ich könnte sie verprügeln"

„Diese Frau L. macht mich ganz verrückt", sagt Frau S. dem Seelsorger.

„Was hat Frau L. denn getan, daß Sie so reagieren müssen?"

„Sie steckt beständig ihre Nase in unsere Familienangelegenheiten. Wir hatten Schwierigkeiten mit unserem siebzehnjährigen Sohn Martin, wissen Sie. Wir beteten, daß der Herr uns helfen möge. Aber Frau L. kommt daher, weiß alles besser und tut, als ob sie allein die Antwort wüßte. Dies sollten wir

---

1 Siehe auch „Handbuch für Seelsorge", S. 186 ff.

tun und jenes nicht lassen. Manchmal möchte ich laut auf-
schreien oder sie einfach verprügeln!"

„Ich kann Sie gut verstehen, Frau S.", antwortet der Seelsorger. „Eine solche Reaktion ist ganz natürlich. Sie sollten
diese Einmischung nicht einfach hinnehmen. Das würde Sie
noch mehr frustrieren und Ihnen schließlich gesundheitlich
schaden."

Dieses Beispiel zeigt uns einen Seelsorger, der versagt, weil er
sich nicht an die Bibel hält. Er ermutigt nämlich Frau S. dazu,
hinter dem Rücken von Frau L. schlecht über sie zu reden.
Das steht in direktem Widerspruch zu Epheser 4, 31, wo üble
Nachrede verboten wird, und zu Jakobus 4, 11, wo wir aufgefordert werden: „Verlästert (*katalaleo* = hinter dem Rük-
ken eines anderen negativ reden) einander nicht, liebe Brüder."

Außerdem nennt dieser Seelsorger sündhaftes Verhalten „natürlich" (im positiven Sinne) und entschuldigt es damit. Bei
ihm steht ausschließlich Frau S., d. h. die Folge ihres Verhaltens für sie selbst, im Mittelpunkt; was Gott dazu sagt,
bleibt ganz außer acht. Er unterstützt es, daß sie ihre Schuld
auf andere abschiebt. Seinen Worten zufolge ist Frau L. mit
ihrer Aufdringlichkeit schuld daran, daß Frau S. so reagieren
muß.

Biblische Seelsorge dagegen hält sich an Römer 12, 14—21.
Hier macht Paulus den einzelnen Christen für den Frieden
untereinander verantwortlich („soviel an euch ist", V. 18), sie
läßt weder Entschuldigungen noch Vergeltungsmaßnahmen
zu (V. 18—20), auch verbietet sie, die Schuld auf andere zu
schieben („laß dich nicht vom Bösen überwinden" — V. 21).
Immer wieder betont die Bibel, daß Gott vom Gläubigen
erwartet, daß dieser mit Gutem auf das Böse reagiert (V. 14.
17.20.21).

Der Seelsorger in Beispiel 2 hat versagt, weil er die Probleme
genau wie die Ratsuchende selbst beurteilte. Er ignorierte die
Worte aus Koloser 3, 16: „Lasset das Wort Christi reichlich

wohnen in euch" und ging deshalb von falschen Voraussetzungen aus. Weil sie wie die von Frau S. unbiblisch waren, konnte er ihr auch nicht helfen. Man hätte ihr von einem entgegengesetzten, d. h. von einem biblischen Standpunkt aus raten müssen. Einfühlungsvermögen beweist man noch nicht dadurch, daß man in allem zustimmt, sondern daß man den anderen um seines Wohlergehens willen auch mit einer anderen Meinung entgegentreten kann.

Wie will man auch einem Ratsuchenden helfen, wenn man meint, er habe schon alles Menschenmögliche getan? Der Seelsorger, der statt dessen eine biblische Alternative zeigen kann, wird für die Probleme sehr oft Lösungen finden, die sich dem Gesichtskreis des Ratsuchenden bisher entzogen haben. Wenn der Ratsuchende schon wüßte und täte, was Gott in dieser Situation von ihm erwartet, müßte er überhaupt nicht in die Seelsorge kommen.

Im Laufe der seelsorgerlichen Behandlung dieses Falles könnte man noch auf Stellen wie Epheser 4, 26.29.31.32 und 1. Korinther 14, 4—7 zurückgreifen.[2] Der Seelsorger könnte den Text aus dem Korintherbrief folgendermaßen anwenden: Frau S. beurteilt die Worte und das Verhalten ihrer Bekannten von vornherein negativ. Die Liebe erfordert jedoch, daß man alles in einem guten Licht sieht (1. Korinther 13, 7: „... sie glaubt alles, sie hofft alles"). Der Seelsorger hätte ihre Bitterkeit daher nicht „natürlich", sondern „sündig" nennen und ihr klarmachen sollen, daß sie die Ratschläge von Frau L. mit Gottes Hilfe auch positiv umsetzen kann. Durch diese positive Einstellung würde sich dann — trotz unterschiedlicher Meinungen und Charaktere — ein gutes Verhältnis zueinander aufbauen lassen. Seelsorger, die meinen, sie müßten ihr Mitgefühl beweisen, indem sie dem

---

2 Die Bedeutung moderner Übersetzungen wird an solchen Stellen deutlich. Ratsuchende, die ohnehin schon durch mancherlei Dinge verwirrt sind, sollten nicht auch noch mit einer unverständlichen Sprache belastet werden.

Ratsuchenden in allem beipflichten, werden bald nichts mehr zu sagen haben. Sie sehen das Problem ja nicht anders als der Ratsuchende selbst.

„Ein Trinker bleibt eben ein Trinker"

Herr K. ist Christ geworden und möchte gern vom Alkohol freiwerden. Vor sechs Wochen haben Sie eine weitere Beratungsstunde mit ihm vereinbart. Seine Frau rief Sie aber eine Stunde nach dem vereinbarten Termin an und sagte Ihnen, daß ihr Mann nicht kommen könne.

Herr K. sitzt nun vor Ihnen und bekennt unter Tränen, daß er wieder getrunken habe und seine Probleme doch nicht gelöst seien, wie er erst geglaubt habe. „Ich kann das Trinken einfach nicht lassen. Ein Trinker bleibt eben ein Trinker! Ich habe mich von all den Orten und Leuten ferngehalten, die Sie mir genannt haben. Sogar drei neue Wege nach Hause habe ich mir deshalb gesucht und sie abwechselnd benutzt. Es liegt wohl einfach daran, daß ich nicht genug Liebe zu Gott habe."

„Wann haben Sie denn getrunken, und wie kam es dazu?" fragen Sie.

„Ich weiß nicht genau, aber ich meine, es kam wieder dazu, nachdem meine Frau und ich eine Meinungsverschiedenheit hatten. Sie wollte gern ausgehen und den Abend in einem Klub verbringen. Ich war damit nicht einverstanden, weil ich doch das Trinken lassen wollte. Sie ging dann allein fort, und ich kam mir komisch vor . . ."

Auch die Probleme von Herrn K. müssen auf verschiedenen Ebenen angepackt werden. Ich möchte aber wieder nur an einem Punkt demonstrieren, wie man in diesem Fall die Bibel gebraucht.

Worte haben eine doppelte Zielrichtung: Wir reden zu anderen, und wir reden zu uns selbst. Was wir sagen, wird andere nicht so schnell überzeugen, wir selbst glauben unseren Worten jedoch meistens schnell. Darin besteht die verheerende Wirkung von häufig wiederholten Redensarten und Sprichwörtern.[3]

Bei Herrn K. ist die Behauptung „Ein Trinker bleibt eben ein Trinker!" solch ein gefährliches Wort. Der Seelsorger muß diese Vorstellung korrigieren. In 1. Korinther 6, 11.12 wird Trunksucht zu den Sünden gezählt, die das Leben beherrschen. Zum Schluß heißt es aber: „Und solche sind euer etliche *gewesen.*" Dieses Wort sollte der Seelsorger anwenden und sagen: „Gott teilt Ihre Meinung nicht, denn auch die korinthischen Christen konnten ihre Trunksucht mit seiner Hilfe ablegen. Das Wort ‚gewesen' meint etwas Vergangenes. Durch Gottes Gnade werden auch Sie von Ihrer Bindung frei werden."

Wenn jemand vermutet, daß ihm als Alkoholiker nicht mehr geholfen werden kann, wird er nicht die Kraft haben, Versuchungen zu meistern. Der Seelsorger wird Herrn K. anhand von Epheser 4, Kolosser 3 und Epheser 5, 18 auch darauf hinweisen, daß Alkoholismus nur durch die beiden biblischen Schritte des Ablegens und Anziehens überwunden werden kann.

„Ich befinde mich in einer besonders schwierigen Lage!"

„Meine Lage ist besonders schwierig", erklärt Frau M. Ihr Mann studiert noch, und sie kam in die Seelsorge, weil sie berufliche Schwierigkeiten hat. „Ich muß doch arbeiten", sagt sie. „Mein Mann soll sich ganz auf sein Studium konzentrieren können. Wenn ich meine Arbeit aufgeben würde, müßte er ja arbeiten gehen, und das würde sich dann auf seine Leistung bzw. auf seine Ausbildung auswirken. Ich will

---

3 Weiteres dazu in „Handbuch für Seelsorge", S. 74—80.

ihn deshalb auch gar nicht mit meinen Problemen belasten. Aber Herr Pastor, Sie können mir glauben, meine Arbeit ist unmöglich! Ich komme nicht weiter, weil ich nur auf Dauer des Studiums angestellt bin. Männer, die weniger können als ich, werden vor mir befördert. Mein Chef sagte mir mit bedauerndem Lächeln, die Stimme eines Mannes würde beim Telefonieren mehr Respekt einflößen; männliche Mitarbeiter seien deshalb von größerem Nutzen für die Firma.

Aber noch schlimmer ist, daß mir die Arbeit gar nicht gefällt! Ich verliere mein Selbstvertrauen. Was soll ich nur tun?"

Die Geschichte von Frau M. kann einem schon zu Herzen gehen, und man möchte ihr raten, bei nächster Gelegenheit die Arbeitsstelle zu wechseln. Aber dessen ungeachtet sollte man sich doch fragen: „Kann man Frau M. nicht noch anders helfen?"

Drei Dinge sind zu beachten:

1. Der Seelsorger sollte sich in die Lage von Frau M. versetzen. Sie sagt: „Meine Lage ist besonders schwierig." Er wird dann auf 1. Korinther 10, 13 hinweisen, diesen Vers erklären und möglichst mit eigenen Erfahrungen untermauern. Die Verzweiflung und das Selbstmitleid von Frau M. beruhen nämlich höchstwahrscheinlich auf der falschen, unbiblischen Vorstellung, außer ihr habe noch kein Mensch mit solchen Schwierigkeiten zu kämpfen gehabt. Offenbar hat sie sich eingeredet, daß ihre Lage hoffnungslos ist. Deshalb gebraucht sie Worte wie „niemals", „unmöglich", „gar nicht". (Siehe dazu das vorhergehende Beratungsbeispiel.)

2. In 1. Petrus 3 wird davon gesprochen, daß sich die Frau dem Mann unterordnen soll. Frau M. hat hier aber ohne Wissen ihres Mannes eine Vorentscheidung getroffen, die zu ernsten Ehekonflikten führen könnte. Sie hätte nicht aus falscher Rücksichtnahme die Probleme für sich behalten dürfen. Ihr Mann konnte durch dieses Verhalten nur schwer

seine Verantwortung erkennen und übernehmen. Frau M. hätte bereit sein müssen, ihm alles zu sagen, was sie beide betraf.

3. Schließlich ist Frau M. noch über die biblische Arbeitsethik zu informieren, die wir in Kolosser 3 finden. Ein Christ arbeitet letztlich nicht für seinen Chef und für Lohn, sondern er dient dem Herrn Christus. Je stärker er das beachtet, um so leichter wird er mit ungünstigen äußeren Bedingungen fertig.

Man könnte noch viele andere Fälle in ähnlicher Weise besprechen. Diese sollen aber genügen, um deutlich zu machen, daß schon in der Art und Weise, wie man die Probleme angeht, die biblischen Grundsätze unentbehrlich sind.
Ich möchte jedem Seelsorger empfehlen, sich eine Liste von Bibelstellen anzufertigen, die sowohl dem Seelsorger als auch dem Ratsuchenden bei der Lösung der Probleme helfen können. Die Liste der Bibelstellen, die ich im letzten Kapitel dieses Buches gebe, kann dabei eine erste Zusammenstellung sein.

Kapitel 9

Die Bibel als Arbeitsbuch

Die Beachtung der biblischen Prinzipien versetzt den Seelsorger nicht nur in die Lage, eine Beratung erfolgreich durchzuführen. Die Bibel ist auch als Arbeitsbuch in der Beratung selbst von großer Bedeutung. Im *Handbuch für Seelsorge* habe ich das Thema „Hausaufgaben" bereits behandelt[1], ohne allerdings zu berücksichtigen, wie man die Bibel dabei verwendet. Ich will deshalb noch einmal kurz darauf eingehen.

Es ist wichtig, daß der Ratsuchende durch Gebet und regelmäßiges Bibellesen die Arbeit an seinen Problemen unterstützt. Wenn er noch nicht täglich die Bibel liest, sollte man ihn dazu ermutigen und ihm wenn nötig eine praktische Anleitung geben.

Als besonders hilfreich erwies es sich, mit den Sprüchen Salomos zu beginnen, die in einer zeitgemäßen Übersetzung und zusammen mit einer biblischen Auslegung gelesen werden sollten. Wenn ihm die ersten Kapitel zu fremd erscheinen und mit seinen seelsorgerlichen Problemen nichts zu tun haben, kann er direkt mit den Einzelsprüchen (Kapitel 10 ff.) beginnen. Er sollte die Texte langsam und sorgfältig lesen, bis er auf eine Aussage stößt, die für seine Situation eine aktuelle Bedeutung hat. Gewöhnlich rate ich ihm dann, den Spruch mit Hilfe von Auslegungen und biblischen Wörterbüchern zu studieren, damit er dessen Sinn richtig versteht. Danach sollte er darüber nachdenken, was ihm dieses Bibelwort persönlich zu sagen hat. Er kann sich z. B. aufschreiben,

---

1 Vgl. „Handbuch für Seelsorge", S. 217 ff.

welche Gebiete seines Lebens durch diesen Vers angesprochen
werden und was er im einzelnen dazu sagt. Jedes Gebiet
sollte sorgfältig überprüft und auf einzelne Fragen konkret
eingegangen werden. (Z. B. könnte nach dem Lesen von Sprüche 12, 25 in das Studienheft notiert werden[2]: „Herr N. ist
unglücklich; ich muß ihm ein Bibelwort sagen, das ihn ermutigt.")

Mit Hilfe der Bibel kann auch eine Gesprächsrunde vorbereitet werden, die in der Seelsorge manchmal nötig ist (z. B. bei
Eheproblemen). Wir sollten den daran Beteiligten zuvor ein
Formular (siehe unten) aushändigen, das auf eine Bibelstelle
hinweist, die sich unmittelbar mit christlicher Gemeinschaft
befaßt. Wenn die Teilnehmer diesen Text vor dem ersten
Gespräch gründlich studieren, werden Worte und Taten, die
sonst das Verhältnis zueinander und die Gemeinschaft untereinander belasten, oft von vornherein vermieden.

Aufbau einer Gesprächsrunde

Ort

Einigen Sie sich über den Ort, an dem Sie sich *regelmäßig*
treffen wollen. Suchen Sie sich einen Tisch, der für die nächste Zeit möglichst nur für diesen Zweck gebraucht wird. Sie
sollten Ihre Probleme nur dort und nur in dieser Gesprächsrunde besprechen. Es ist wichtig, daß Sie dabei in der ersten
Woche vor jeder Zusammenkunft Epheser 4, 17—32 zusammen lesen.

---

2 Man kann sich ein Studienbuch anlegen, in dem man die Ergebnisse
  seiner Überlegungen und wertvolle Gedanken festhält. Auf jeder
  Seite sollte man möglichst nur eine Bibelstelle behandeln. Dazu wird
  die Seite in zwei Rubriken unterteilt: „Bedeutung der Bibelstelle"
  und „Was sie mich persönlich angeht". Der zweite Punkt ist wichtig,
  weil das Ziel eines Bibeltextes nicht zuerst die theologische Weiter-
  bildung ist.

Vereinbarter Ort: ....

Vereinbarte Zeit: ....

Zweck

Die Gesprächsrunde dient dem gemeinsamen Gespräch und nicht der Diskussion. Berichten Sie von sich selbst — von Ihren Sünden und Ihrem Versagen — und bringen Sie alles in der Bitte um Vergebung in Ordnung. Bitten Sie um die Hilfe Gottes (vgl. Matthäus 7, 4—5).
Sagen Sie alle Wahrheit in Liebe.
Schieben Sie keine wichtige Sache bis zum nächsten Tag auf. Nicht alle Probleme lassen sich in *einer* Gesprächsrunde erörtern. Vielleicht müssen Sie sich über eine genaue Reihenfolge für längere Zeit verständigen. Behandeln Sie wichtige Angelegenheiten vorrangig.
Konzentrieren Sie sich auf die Lösung des *Problems* und nicht auf Ihre(n) Gesprächspartner. Ihre Aufgabe ist es, biblische Lösungen zu finden. Sie sollten deshalb immer Bibeln griffbereit haben und diese auch benutzen. Wenn Sie in einer Frage nicht weiterkommen, notieren Sie diese für die nächste Beratung mit dem Seelsorger. Wenden Sie sich dann dem nächsten Punkt zu.
Es wird auch eine Hilfe sein, wenn Sie die Ergebnisse des Gesprächs schriftlich festhalten. Beginnen und beenden Sie die Gesprächsrunde mit Gebet. Es wird Ihnen helfen, wenn Sie wiederholt Epheser 4, 25—32 lesen.

Verfahren

Wenn ein Mitglied der Gesprächsrunde ins Diskutieren kommt oder sich aus irgendeinem Grund nicht am gemeinsamen Gespräch beteiligt, sollten die anderen aufstehen und still stehenbleiben. Dieses vorher vereinbarte Zeichen soll bedeuten: „Wir sind der Meinung, das war kein Gespräch mehr." Ob der eine recht hatte oder nicht, braucht nicht erörtert zu werden. Nur sollte er seine Gesprächsbereitschaft zeigen, indem er die anderen bittet, sich wieder zu setzen.

Der Seelsorger muß in jedem Fall prüfen, wieweit der Ratsuchende imstande ist, die Bibel selbständig zu lesen und anzuwenden. Der einfache Appell „Lesen Sie in der Bibel" genügt meistens nicht, denn viele Ratsuchende haben zwar den Wunsch, sich nach der Bibel zu richten, sie wissen aber nicht, wie sie das machen sollen. Deshalb sollte der Seelsorger bestimmte Texte vorschlagen. Den Umständen entsprechend werden das oft ganz verschiedene Abschnitte sein. (Wenn z. B. Herr T. noch kein Christ ist, sollte er wohl nicht mit Sprüche 10, sondern besser mit dem Johannesevangelium beginnen.)

Ich möchte noch einmal betonen: Eine der wichtigsten Aufgaben des Seelsorgers ist zu zeigen, *wie* man Lebensfragen anhand der Bibel beantwortet; nichts hilft einem Ratsuchenden mehr. Dabei hat er zwischen unmittelbaren Befehlen Gottes und der Erklärung und Anwendung dieser Befehle zu unterscheiden. Manches wird unmißverständlich befohlen oder verboten, anderes muß durch die Anwendung biblischer Grundlinien erst noch geklärt werden.

Der Ratsuchende muß zwischen der Autorität Gottes und dem an der Bibel ausgerichteten Urteil des Seelsorgers unterscheiden können. Es ist also wichtig, daß der Seelsorger, der einen Rat erteilt oder Anweisungen gibt, diesen Unterschied macht, z. B.:

Biblischer Befehl: „Du sollst nicht ehebrechen . . ." Ergebnis: „Herr M., Sie dürfen nicht . . ."

Praktischer Rat des Seelsorgers: „Rufen Sie am besten gleich die Frau von Herrn L. an und machen Sie Schluß."

Wenn wir betonen, wie wichtig es ist, die Bibel in der Seelsorge zu gebrauchen, müssen wir zugleich vor ihrem Mißbrauch warnen. Sehr oft geschieht das durch einen *moralistischen Gebrauch der Bibel*, indem man nicht in erster Linie

Gottes Ehre sucht, sondern nur die Schwierigkeiten und Nöte des Ratsuchenden beseitigen will.

Die Bibel wird auch in moralisierender Weise mißbraucht, wenn man sich zwar nach biblischen Grundlinien oder Handlungsweisen richtet, von denen man sich eine Veränderung verspricht, aber das rettende Handeln Jesu als eigentliches Ziel jeden Dienstes außer acht läßt (sowohl in der Rechtfertigung als auch in der Heiligung, die beide durch den Heiligen Geist bewirkt werden).

Falsch ist es auch, biblische Texte oder Geschichten *nur als Beispiel* zu benutzen („Denken Sie z. B. an Daniel, der *auch* . . ."), um eine bestimmte Aussage zu untermauern (die vielleicht von Freud, Rogers, Skinner oder anderen übernommen wurde). Das Verführerische an dieser Methode ist, daß die eigenen Bemerkungen und Gedanken durch die Vergleiche mit der Bibel durchaus schriftgemäß klingen. In Wirklichkeit versucht man aber nur, seinen eigenen Gedanken mehr Nachdruck zu verleihen. Der Seelsorger sollte jedoch nicht seine Gedanken mit der Bibel zu belegen versuchen, sondern die Grundsätze der Bibel anwenden.

Der *rezeptartige Gebrauch der Bibel* ist von uns schon kurz erwähnt worden. Die Bibel ist kein Zauberbuch, deren Texte auf magische Weise den Ratsuchenden verändern, ohne daß er den Sinn und den Inhalt dieser Texte verstehen müßte. Sie müssen erklärt und konkret auf die speziellen Probleme angewandt werden. Deshalb nützt es nichts, aus der Bibel nur *abstrakte Wahrheiten* herauszulesen. Zwar ist es wichtig, daß man sich Grundlinien einprägt, damit sie in den verschiedenen Situationen gegenwärtig sind und angewandt werden können. Es muß dem Ratsuchenden aber auch gezeigt werden, *wie* diese praktisch zu verwirklichen sind.

Es gibt für den Seelsorger keine größere Befriedigung, als die Bibel in der Seelsorge richtig zu gebrauchen; man kann mit ihr sehr viel ausrichten. Dem Ratsuchenden wird geholfen, indem man das Wort Gottes in seine Probleme hineinsprechen läßt. Gott wird geehrt, wenn man von menschlicher

Weisheit weg auf ihn hinweist. Der Ratsuchende erfährt, daß die Bibel ein sehr praktisches Buch ist; das wird ihn ermutigen, ihr auch bei anderen Schwierigkeiten zu vertrauen. So werden durch den Gebrauch der Bibel in der Seelsorge gegenwärtige Probleme gelöst und zukünftige vermieden.

Kapitel 10

Thematische Liste zum Gebrauch in der Seelsorge

Auf den folgenden Seiten finden Sie eine Themenliste. Es sind Problembereiche, die dem Seelsorger häufig begegnen. Ihnen wurden wichtige Bibelstellen zugeordnet, die sich bei der Behandlung als besonders hilfreich erwiesen haben.

Da jeder Seelsorger andere Erfahrungen hat und zu den entsprechenden Sachbereichen auch andere Bibeltexte auswählen wird, ist Raum für zusätzliche Eintragungen gelassen. Eine solche ergänzte Liste kann auch über den engen seelsorgerlichen Rahmen hinaus Verwendung finden.

Die Liste ist natürlich nicht vollständig, aber sie ist bestimmt brauchbar. Zu viele Themen und Bibelstellen können den Seelsorger (und den Ratsuchenden) auch verwirren, vor allem wenn schnelle Hilfe nötig ist.

**Ablegen/Anziehen
(siehe Veränderung des Lebens)**

(Die Schuld) auf andere schieben
1. Mose 3,12—13
Spr. 19,3

**Alkoholismus
(siehe Trunkenheit)**

Angst (siehe Sorge)

Arbeit
1. Mose 2,5.15; 3,17—19
Spr. 14,23; 18,9; 21,5; 22,29; 24,27; 31,1—31
1. Kor. 15,58
1. Thess. 4,11
2. Thess. 3,6—15

Bekennen der Sünde
Spr. 28,13
1. Joh. 1,9
Jak. 5,16

Bitterkeit
Spr. 26,24—26
Hebr. 12,15

Buße
Luk. 3,8—14; 24,47
Apg. 3,19; 5,31; 17,30; 26,20
2. Kor. 7,10; 12,21

Demut
Spr. 3,34; 15,33; 16,19; 22,4; 29,23
Gal. 6,1—2
Phil. 2,1—11
1. Petr. 5,6.7
Jak. 4,6.10

Ehebruch
2. Mose 20,14
2. Sam. 11,2
Spr. 2,16—18; 5,1—23; 6,23—35; 7,4—27; 9,13—16
Hosea (das ganze Buch)
Mal. 2,13—16
Matth. 5,28; 15,19; 19,9
1. Kor. 6,9—11

Ehescheidung
1. Mose 2,24
5. Mose 24,1—4
Jes. 50,1
Jer. 3,1
Mal. 2,16
Matth. 5,31.32; 19,3—8

Mark. 10,3—5
1. Kor. 7,10—24.33—34.39—40

Eifersucht (siehe Neid)

Eltern/Kinder
1. Mose 2,24
2. Kor. 12,14
Eph. 6,1—4
1. Tim. 3,4.5

Entscheidungen treffen
2. Tim. 3,15—18
Hebr. 11,23—27

Familie
1. Mose 2,18.24
2. Mose 20,12

Flucht
1. Mose 3,8
Spr. 18,1
1. Tim. 6,11
2. Tim. 2,22

Freundschaft
Spr. 17,9.17; 27,6.10
Joh. 15,13—15

Frieden
Spr. 3,1.2; 16,7
Joh. 14,27
Röm. 5,1; 12,18; 14,19
Phil. 4,6—9
Kol. 3,15
Hebr. 12,14

Furcht
1. Mose 3,10
Spr. 10,24; 29,25
Matth. 10,26—31
2. Tim. 1,7
1. Petr. 3,6.13.14
1. Joh. 4,18
Hebr. 2,14.15

Gaben
Röm. 12,3—8
1. Kor. 12—14
1. Petr. 4,10—11

Gebot
2. Mose 20
Spr. 13,13
Luk. 17,3—10
Joh. 13,34; 15,12
1. Joh. 5,2.3

Gehorsam
1. Sam. 15,22
Luk. 17,9.10
Apg. 4,19; 5,29
Eph. 6,1
1. Petr. 1,22
Hebr. 5,8; 13,17

Gemeinde
Eph. 4,1—16
Hebr. 10,25
Offb. 2 u. 3

Gemeinschaft
Eph. 4,25—32

Gerede
Spr. 10,18; 11,13; 18,8; 20,19;
  26,20—22
Jak. 4,11

Gewissen
Mark. 6,19
Apg. 24,16
Röm. 2,15
1. Kor. 8,10.12
1. Tim. 1,5.19; 3,9
2. Tim. 1,3
1. Petr. 3,16.21
Hebr. 13,18

Gewißheit
1. Petr. 1,3—5
2. Petr. 1,10
1. Joh. 5,13.18.19
Hebr. 4,16; 6,11

Gewohnheit
Spr. 19,19
Jes. 1,10—17
Jer. 13,23; 22,21
Röm. 6—7
Gal. 5,16—21
1. Tim.
1. Petr. 2,14.19
Hebr. 5,13ff

Hoffnung
Spr. 10,28; 13,12
Röm. 15,4.5
1. Thess. 1,3; 4,13—18
Hebr. 6,11.18.19

Homosexualität
1. Mose 19
3. Mose 18,22; 20,13
Röm. 1,16—32
1. Kor. 6,9—11
1. Tim. 1,10

Kinder (siehe **Familie**)

**Lebensbeherrschende
Probleme**
1. Kor. 6,9—12; 10,8
Eph. 5,18
Offb. 21,8; 22,15

Leib
Röm. 12,1—2
1. Kor. 3,16.17; 6,18—20; 15
2. Kor. 5,1—4

Liebe
Spr. 10,12; 17,19
Matth. 5,44; 22,39—40
Röm. 13,10
1. Kor. 13
1. Petr. 1,22
1. Joh. 4,10.19; 5,2.3
2. Joh. 5.6

Lohn/Strafe
Spr. 13,24; 22,15; 29,15
2. Kor. 2,6; 10,6
2. Joh. 8
Hebr. 10,35; 11,26

Lüge
2. Mose 20,16
Spr. 12,19.22
Eph. 4,25
Kol. 3,9

Lust
1. Mose 3,6
2. Mose 20,17
Spr. 10,3.24; 11,6; 28,25
Matth. 6,21
Luk. 12,31—34
Röm. 13,14
Gal. 5,16

Eph. 2,3
Tit. 2,12; 3,3
1. Joh. 2, 16
1. Petr. 1,14; 4,2.3
Jak. 1,13—16; 4,2—3
Jud. 18

Mann/Frau
1. Mose 2,18.24
Eph. 5, 22—33
Kol. 3,18—21
1. Tim. 2,11—15
1. Petr. 3,1—7

Mutter (siehe **Familie**)

Neid
Titus 3,3
1. Petr. 2,1
Jak. 3,14—16

Scham
1. Mose 2,25
Spr. 11,2; 13,18
1. Kor. 4,14
1. Petr. 3,16

Sexualität
1. Mose 2,25
1. Kor. 7,1—5

Sorge
Spr. 12,25; 14,30; 17,22
Matth. 6,24—34
Phil. 4,6.7
1. Petr. 5,6—7

Stehlen
2. Mose 20,15
Spr. 20,10.22; 29,24; 30,7—9
Eph. 4,28

Stolz
Spr. 8,13; 11,2; 13,10; 16,18;
  18,12; 21,24; 27,1; 29,23

Tod
Ps. 23,6
Spr. 3,21—26; 14,32
1. Kor. 15,54—58
Phil. 1,21.23
Hebr. 2,14.15

Trägheit
Spr. 12,24.27; 13,4; 15,19;
  18,9; 26,13—16
Matth. 25,26

Trauer
Spr. 14,13; 15,13
Eph. 4,30
1. Thess. 4,13—18

Trunksucht
Spr. 20,1; 23,20.29—35; 31,4—6
Eph. 5,18
1. Petr. 4,4

Überführen
Joh. 16,7—11
2. Tim. 3,17
Jud. 15

**Umgang mit Menschen
(gut/schlecht)**
Spr. 9,6; 13,20; 14,9; 22,24;
  23,20.21; 29,24
Röm. 16,17.18
1. Kor. 5,9—13
2. Kor. 6,14—18
2. Tim. 3,5

Vater (siehe **Familie**)

Vergebung
Spr. 17,9
Matth. 6,14.15; 18,15—17
Mark. 11,25
Luk. 17,3—10
Eph. 4,32
Kol. 3,13
1. Joh. 1,8—10
Jak. 5,15

Versöhnung
Matth. 5,23.24; 18,15—17
Luk. 17,3—10

Verzagtheit
1. Mose 4,6—7
Ps. 32; 38; 51
Spr. 18, 14
2. Kor. 4,8.9

Zorn
1. Mose 4,5—7
Ps. 7,11
Spr. 14,17.29; 15,1.18; 19,11.
  19; 20,3.22; 22,24; 24,29;
  25,15.28; 29,11.22
Mark. 3,5
Eph. 4,26—32
Jak. 1,19.20

Zuhören
Spr. 5,1.2.13; 13,18; 15,31;
  18,13

Zweifel
Jak. 1,6—8

Jay E. Adams

„Ich bin am Ende"

Biblische Prinzipien
der Seelsorge
in akuten Krisenfällen

Inhalt

Vorwort

Der Inhalt dieses Buches besteht aus Vorträgen, die ich bei verschiedenen theologischen und seelsorgerlichen Seminaren gehalten habe. Auf alle Einzelheiten der biblischen Lebensberatung, wie ich sie in meinen Büchern dargestellt habe, konnte ich dabei nicht mehr eingehen. Ihre Kenntnis wird vorausgesetzt. Ich habe mich darauf beschränkt, die besonderen Aspekte der Krisenseelsorge darzustellen. Anhand der Krisenbeschreibungen am Ende des Buches sollen die biblischen Prinzipien der Krisenseelsorge eingeübt werden. Mein Ziel ist es, möglichst viele christliche Seelsorger darauf vorzubereiten, ihre Aufgabe zu erfüllen und den vielen Ratsuchenden in ihren verschiedenartigen Krisensituationen beizustehen.

Jay E. Adams

1. Kapitel

Standortbestimmung

Christliche und nichtchristliche Krisenhilfe

Ein großer Teil des Neuen Testaments ist krisenorientiert. Verschiedene neutestamentliche Briefe wurden geschrieben, um Krisen im Leben einzelner Menschen oder ganzer Gemeinden zu überwinden: Irrlehren, Abfall vom Glauben, Spaltungen in der Gemeinde, Streitigkeiten, Disziplinlosigkeit, Tod, Verfolgung, Unsittlichkeit usw. So ziemlich alles, was Menschen an Problemen beschäftigen kann, finden wir in irgendeiner Form in diesen Briefen. Christliche Seelsorger haben daher das Vorrecht, in den biblischen Texten umfangreiche theoretische Grundlagen und praktische Lösungsmöglichkeiten zum Thema Krise zu finden.

Neben anderen Aufgaben muß gerade der seelsorgerliche Dienst als eine Berufung verstanden werden, anderen in Krisen beizustehen. Der Seelsorger soll „für jedes gute Werk ausgerüstet"[1] sein. Gott gab ihm in der Bibel Material genug, um die Prinzipien zu erkennen und die notwendigen Programme aufzustellen, die Menschen in Krisensituationen helfen.

Aber warum ist bisher auf diesem Gebiet so wenig geleistet worden?

Ich kann hier nur ein paar Gründe nennen. Erstens haben wir die Bibel bisher zum größten Teil unter anderen Gesichtspunkten gelesen; denen der Dogmatik und der Predigt z. B.

---

1 2. Timotheus 3, 15—17. Über die Bedeutung dieses Textes für die Seelsorge siehe „Handbuch für Seelsorge", Seite 69.

Diese Gesichtspunkte sind nicht unwichtig, aber wir haben uns zu sehr darauf beschränkt.

Erst in den letzten Jahren ist ein wachsendes Interesse an der Krisenseelsorge entstanden. Dieses Interesse kam — zu unserer Schande muß ich es sagen — fast ausschließlich aus dem nichtchristlichen Bereich. Jetzt erst haben einige christliche Seelsorger verspätet angefangen, sich ebenfalls intensiv damit zu beschäftigen. Leider bemühen sie sich aber selten zu fragen: „Was sagt die Bibel dazu?", sondern sie übernehmen Grundsätze und Behandlungsmethoden, in denen Gott keine Rolle spielt.

Folglich werden die höchst unbefriedigenden Auffassungen von Erich Lindemann und Gerald Caplan — führende Vertreter der nichtchristlichen Krisentherapie — unbesehen übernommen. Das ist sowohl erstaunlich wie auch beunruhigend, gehen sie doch zum Beispiel davon aus, daß Menschen auf Trauer und andere Krisen immer einheitlich reagieren. Das ist eine kühne Behauptung. Trotzdem werden die Theorien der Krisenbewältigung meist unkritisch angenommen, ohne daß man im geringsten über die theologischen oder anthropologischen Voraussetzungen nachdenkt, die dieser Theorie zugrunde liegen.

Es muß aber jeden Christen beunruhigen, daß z. B. E. Lindemann keine grundlegenden Unterschiede zwischen Christen und Nichtchristen macht. Auch Unterschiede in der Einstellung oder dem Verhalten des einzelnen werden nicht berücksichtigt. Das Gefühl der Schuld, der Angst, des Zorns, der Trauer und andere seelische Ausdrucksformen werden einfach als „Zustände" betrachtet, die durch eine Reihe spezifisch problem-lösender Aufgaben angepackt und bewältigt werden können. Außerdem gibt es in diesen Analysen keinen Platz für Buße, Gnade, Vergebung oder Heiligung.

Wie christliche Seelsorger ohne diese biblischen Voraussetzungen den Menschen in Krisensituationen helfen wollen, ist mir ein Rätsel. Lindemanns humanistische Auffassung *muß* dem denkenden christlichen Seelsorger unannehmbar sein.

Jeder Pastor ein Krisenseelsorger

Krisenseelsorge ist kein Spezialgebiet für einen kleinen Kreis Interessierter. Jeder Pastor und jeder, der seelsorgerlich anderen hilft, soll nach der Bibel in allen Dingen ein „Vorbild" sein (Titus 2, 7). Das setzt voraus, daß der Seelsorger wissen muß, wie er selber mit einer Krise fertig wird. Sonst wird er möglicherweise seine Glaubwürdigkeit als Seelsorger bald verlieren. Und selbst wenn ihm das nicht passiert, werden seine besten Bemühungen, anderen zu helfen, scheitern. Wer andern in Krisen beistehen will, muß selber krisenfest sein. Sonst wird er in der Stunde der Not eher ein Teil des Problems werden als zu dessen Lösung beitragen.

Es ist natürlich möglich, anderen die richtigen Informationen und Schritte mitzuteilen, ohne diese im eigenen Leben zu verwirklichen. Da alle Seelsorger Sünder sind, wird dieser Widerspruch zwischen Wissen und Praxis in jedem seelsorgerlichen Bereich gegenwärtig sein. Kein Sünder — auch wenn er erlöst ist — kann die Wahrheiten der Bibel vollständig in seinem Leben verwirklichen.

Andererseits gibt es Menschen, die durchaus fähig sind, auf biblischem Wege mit persönlichen Krisen fertigzuwerden. Doch wenn sie anderen zu helfen versuchen, mit den gleichen Krisen fertigzuwerden, versagen sie. Warum?

Vielleicht versagen sie, weil sie die biblischen Prinzipien, durch die sie selbst die Bedrohungen und Gefahren der Krisen überwinden konnten, nicht übertragen und anderen deutlich machen können. *Wissen* ist nicht das gleiche wie Wissen *weitergeben*. Bis zu einem gewissen Grad werden natürlich alle Seelsorger auf diese Weise versagen. Doch das ist kein Grund, sich mit schlechten Ergebnissen zufriedenzugeben. Die Voraussetzungen für das Ältestenamt, die

11

in den Briefen an Timotheus und Titus genannt werden, gelten für alle, die Seelsorge ausüben wollen: Diese Voraussetzungen müssen annähernd, nicht absolut angewandt werden (1. Timotheus 3, 1-7; Titus 1, 5-9).

Ein Seelsorger muß im Wissen und in der Erfahrung ständig reifen. Wenn er aber weder für sich selbst weiß, wie man in dieser Welt voller Krisen leben soll, noch wie er anderen dazu verhelfen kann, fehlen ihm wichtige Voraussetzungen für seinen Dienst.

„Aber", fragen Sie, „muß sich ein Pastor wirklich mit all diesen Krisensituationen befassen? Lohnt sich die ganze Mühe? Er hat doch schließlich noch etwas anderes zu tun!"

Nehmen wir einmal an, daß ein bestimmter Pastor während seines ganzen Dienstes nur ungefähr ein halbes Dutzend Anrufe von Selbstmordkandidaten erhält. Ist es dann nicht wichtig, daß er weiß, was er tun soll? Darf er einfach sagen: „Ich werde vor Hunderten, vielleicht sogar Tausenden predigen, also muß ich mich ganz aufs Predigen konzentrieren"? Eine solche Einstellung wäre nicht die des guten Hirten, der nicht nur neunundneunzig Schafe weidet, sondern auch das eine sucht, das verloren ist.

Außerdem ist es eine Anfrage an den Dienst des Pastors, wenn er nur wenig mit Krisenseelsorge zu tun hat. Es gibt genügend Menschen — auch Christen —, die es nicht schaffen, auf biblische Weise mit Krisen fertigzuwerden. Warum wenden sich diese Gemeindeglieder nicht an ihren Seelsorger? Pastoren, die in Krisenseelsorge erfahren sind, werden in der Regel von vielen Menschen aufgesucht.

Um der vielen Menschen willen, die mit Krisen in Ehe und Familie fertigwerden müssen, und um Kranken und Sterbenden richtig zu dienen, ist für den Pastor ein Studium der biblischen Prinzipien und Praxis der Krisenseelsorge unentbehrlich. Seelsorger können sicher sein, daß sich jede Stunde schließlich als rentabel erweisen wird, die sie damit verbringen, ihre Kenntnisse der Krisenseelsorge zu vertiefen und die notwendigen Fähigkeiten zu entwickeln.

Persönliche Voraussetzungen

Manchen Seelsorgern sind die besonderen Kennzeichen und Eigentümlichkeiten von Krisensituationen so fremd, daß sie eine vorhandene Krise nicht erkennen, selbst wenn sie offen zutage liegt.

Leider gibt es auch solche, die eine Krise nicht erkennen wollen. Wie der Priester und der Levit im Gleichnis Jesu verschließen sie die Augen vor der Not des anderen und gehen an ihm vorbei. Sie versuchen, entweder aus Faulheit oder aus Angst, nicht darin verwickelt zu werden. Denn Krisenseelsorge ist eine schwere Arbeit, und sie schließt Risiken mit ein. Sie bedeutet Anstrengung und nimmt viel Zeit in Anspruch, erfordert Mut und Weisheit.

Welche Voraussetzungen muß ein Seelsorger für diese Tätigkeit mitbringen, bzw. welche Fähigkeiten muß er erwerben?

Wir haben eben gesagt, er soll ein Mensch mit Mut und Weisheit sein. Ich möchte die Notwendigkeit der Hingabe und Fürsorge hinzufügen.

Mit Fürsorge meine ich mehr als Mitleid. Fürsorge heißt nicht *nur*, mit denen zu weinen, die weinen — so notwendig das auch sein mag — , sondern auch die Bereitschaft, einem andern zu helfen, mit seinen Problemen fertigzuwerden. Mitleid bedeutet nur allzuoft „verständnisvolle *Zustimmung*". Aber diese Art Solidarität mit dem Leidenden geht zu weit. Man kann dem Ratsuchenden unmöglich helfen, wenn man die Krise nur so sieht, wie er sie sieht. Wenn der Ratsuchende verwirrt ist, könnte er sich für eine Weile besser fühlen, wenn Sie seine Verwirrung teilen; aber diese Teilnahme hilft ihm noch nicht, aus seiner Verwirrung herauszukommen. Der Seelsorger muß sich zwar in das Problem des Ratsuchenden einfühlen können, aber er muß auch zugleich darüberstehen. Da er Gottes Wort hat, braucht er bei den Problemen nicht stehenzubleiben. Er kann schnell den biblischen Weg einschlagen, der aus dem Problem herausführt.

Biblische Fürsorge besteht eher darin, verständnisvoll zu *widersprechen*. Nur indem der Seelsorger der Verwirrung und Hoffnungslosigkeit, der Schwermut, dem Zorn und der Angst mit biblischen Alternativen *entgegenwirkt*, bleibt er seinem Auftrag treu. Der christliche Seelsorger darf nicht einer sein, der nur jedem sein tiefes Mitgefühl ausdrückt: er muß ein Mensch mit einer biblischen Alternative sein.

Weisheit braucht der Seelsorger, um zu erkennen, welche Fürsorge er wählen soll. Weisheit gehört z. B. dazu, das Gleichgewicht zwischen Verständnis und Widerspruch zu halten. Er muß wissen, wie tief er sich in die Lage des Ratsuchenden hineinversetzen darf, um gleichzeitig noch der Meinung widersprechen zu können, die Lage sei hoffnungslos. Das Problem nur so zu sehen, wie der Ratsuchende es sieht, bedeutet nicht nur, seinen Platz als Seelsorger preiszugeben, weit schwerwiegender ist, daß auch Gott falsch dargestellt wird. Ein christlicher Seelsorger kann und muß auf die Möglichkeiten Gottes hinweisen. Wenn er dies versäumt, bestärkt er den Ratsuchenden in dem falschen Glauben, Gott habe keine Antwort auf sein Problem.

Der christliche Seelsorger muß seine Kenntnisse erweitern und Fähigkeiten entwickeln, eine Krisensituation zu analysieren, sie biblisch zu bewerten und biblische Lösungen vorzuschlagen. Er wird Weisheit und Mut brauchen, dem Ratsuchenden diese Lösungen als Alternative zu seiner gegenwärtigen Lage gegenüberzustellen.

Eine bloß verständnisvolle Zustimmung braucht keinen Mut und erfordert wenig Weisheit; verständnisvolles Widersprechen verlangt beides. Es ist nicht leicht, einer schwermütigen Frau zu sagen, daß sie vom Sofa aufstehen und mit der Arbeit anfangen soll; daß sie aufhören muß, sich selbst zu bedauern, und daß sie auch jede andere Sünde in ihrem Leben bekennen und lassen muß. Wenn man einem zornigen Ehemann, dessen Frau ihn verlassen will, sagt, daß sein Groll Sünde ist und aufgegeben werden muß, wird es ihm bestimmt nicht gefallen; aber es könnte der einzige Weg für ihn sein, auf eine Gott wohlgefällige Weise mit der Tragödie fertigzuwerden. Wenn er das tut, wird die Änderung in ihm mehr dazu beitragen, seine Frau zu neuen Überlegungen anzuregen, als alles, was er sonst tun könnte. Es löst keine Probleme, wenn ihm erlaubt wird, im Sprechzimmer herumzutoben oder seine Frau mit bitteren Worten zu kritisieren. Verständnisvolles *Widersprechen* erfordert zunächst, ihn zum Sitzen zu bringen und ihn zuerst mit seiner eigenen Sünde zu konfrontieren. Solche Fürsorge verlangt den Mut zur Konfrontation.

Verkehrte Einstellungen

Nun muß ich schnell hinzufügen, daß verständnisvolles Widersprechen etwas ganz anderes ist als die Einstellung jener Berater, die Hiob helfen wollten. Ihre Art ist noch immer nicht ausgestorben. Wie die Freunde Hiobs sind viele von sich überzeugt, eine biblische Einstellung zu haben. Aber gerade sie bringen die von der Bibel her gebotene Konfrontation in Verruf. Viele verwechseln *ihre* Einstellung mit der der Bibel. Es ist wichtig, zwischen diesen beiden Einstellungen deutlich zu unterscheiden.

Als Hiobs Freunde zu ihm kamen, um ihm Ratschläge zu erteilen, widersprachen sie ihm — daran besteht kein Zweifel. Da sie als „Freunde" bezeichnet werden, ist es sogar wahrscheinlich, daß sie ein gehöriges Maß an Fürsorge hatten. Warum sie Hiob trotzdem nicht helfen konnten, hat meines Erachtens drei Gründe:

1. Sie kamen zu Hiob mit vorgefaßten Meinungen über die Ursache seiner Probleme. Folglich versäumten sie es, die Angaben zu sammeln, die vielleicht zu einer richtigen Analyse seiner Situation geführt hätten.

2. Sie lehnten es ab, auf Hiob zu hören, als er sich gegen ihre Voraussetzungen verwahrte. Da sie von falschen Vor-

aussetzungen ausgingen, waren logischerweise auch ihre Schlüsse falsch. Sie versäumten es, dem biblischen Grundsatz zu folgen, der allein zu erfolgreicher Seelsorge führt: „Die Liebe glaubt alles." Ein Seelsorger darf die Äußerungen eines Ratsuchenden nur dann anzweifeln, *wenn die Tatsachen dagegensprechen*. Das gebietet die Liebe.

Wie viele heutige Seelsorger gingen die Freunde Hiobs von ihren eigenen Voraussetzungen aus und zweifelten daran, daß Hiob die Wahrheit sagte. Aufgrund dieser beiden grundlegenden Irrtümer kam es noch zu einem dritten:

3. Hiobs Seelsorger deckten sein wirkliches Problem nicht auf und konnten ihm deshalb nicht helfen. Weil sie ihre Aufmerksamkeit auf vermutete frühere Fehler im Leben Hiobs richteten, die sie für die Ursache seiner Krise hielten, begriffen sie die Bedeutung und die Tiefe seines Kampfes nicht. Das ist tragisch, da Hiob ihre Hilfe *brauchte*. Anstatt ihm zu helfen, verschlimmerten sie nur seine Lage. Hiob war nicht für die Entstehung der Krise verantwortlich, wie seine Freunde es annahmen, aber Gott machte ihn dafür verantwortlich, wie er mit der Krise fertigwürde.[2] Das wird aus dem Gespräch zwischen Gott und Satan deutlich, in dem es um die Frage ging: „Was wird Hiob tun, wenn die Bedrängnis auf ihn zukommt?" Aber nach Meinung der Freunde Hiobs lautete die Frage: „Was hat Hiob getan, daß er in diese Krise hineingeriet?" Sie widersprachen ihm, aber an der falschen Stelle. Die richtige Frage lautete: „Wie wird sich Hiob in dieser Krise verhalten?"

In dieser Perspektive ist also der ein guter Krisenseelsorger, der beherzt eine andere, biblische Auffassung der Krise vertritt als der Ratsuchende. Und doch wird er seine Schlüsse in einer Sache erst ziehen, wenn er aufgrund sorgfältig ge-

---

2 Seelsorger müssen daran denken, daß dies oft so ist. Die Tochter eines Alkoholikers, der sie schlägt und nicht für sie sorgt, ist für ihre Lage wahrscheinlich nicht verantwortlich. Aber sie ist dafür verantwortlich, auf Gottes Weise mit ihrer Lage fertigzuwerden.

sammelter Angaben alles geprüft hat. Im Gegensatz zu den Freunden Hiobs wird er sich bemühen, alle Aspekte des Problems zu beachten. Dann, und erst dann, wird er aus seiner Fürsorge heraus eine biblische Stellung dazu beziehen, und zwar ungeachtet dessen, wie sehr sie mit den Überlegungen des Ratsuchenden im Widerspruch stehen mag.

Was ist eine Krise?

Ein Wörterbuch sagt, eine Krise sei ein begrenzter Zeitraum innerhalb einer Ereigniskette, der die Richtung der späteren Ereignisse bestimmt. Der krasse Fehler einer solchen Definition liegt darin, daß sie Gott außer acht läßt. Dasselbe Wörterbuch definiert eine Krise weiter als „Wendepunkt" und als „Punkt, an dem eine entscheidende Umwandlung stattfindet".

Ich pflege nicht, das Wörterbuch zu zitieren, um Aussagen zu beweisen. Dies kann ein Wörterbuch nicht leisten. Aber es wird deutlich, daß Krise nicht nur in einer Hinsicht beschrieben werden kann. Sie wird entweder als ein Zeitpunkt beschrieben, an dem etwas Entscheidendes geschieht (oder bald geschehen wird), oder als kritisches Stadium der Unsicherheit, das zu einer entscheidenden Umwandlung führt. Ich gebrauche den Begriff für beide Definitionen. Wenn wir beide Bedeutungen zusammensehen, können wir sagen, eine Krise sei jede Lage, in die Gott den Ratsuchenden geführt hat, die entweder jetzt oder später entschiedene Handlungen verlangt, die bedeutsame Folgen haben werden.

Es ist noch eine weitere Unterscheidung zu treffen: Eine Krise kann entweder echt oder eingebildet sein. Die seelische Belastung des Ratsuchenden wird genauso wirklich und genauso stark sein, auch wenn seine Krise nur eingebildet ist. Wenn ihm überzeugend gesagt wird, er habe Krebs, ob es nun Tatsache ist oder nicht: seine Reaktion wird genau die gleiche sein. Die Seelsorge kann in einer

eingebildeten Krise ebenso notwendig sein wie in einer
wirklichen Krise.

Die drei Bereiche der Krisenseelsorge

Grundsätzlich gibt es drei Bereiche, die in jeder Krise zu
beachten sind:

1. Die Krisen*situation* (wirklich oder eingebildet)
2. Die *Person*, die in der Krise steckt
3. Die *Reaktion* auf die Krisenumstände

Der Seelsorger muß sich mit jedem dieser drei Bereiche —
Situation, Person, Reaktion — befassen. Es wird seine
Aufgabe erleichtern, wenn er jeden Krisenfall in diese Ele-
mente aufteilt.

Wenn z. B. die Einstellung eines Ratsuchenden zu Gott
geklärt ist und wenn er auch sonst ausreichende Unterstützung hat, kann sich die Aufgabe des Seelsorgers darauf
beschränken, die Krisensituation zu analysieren und ihm
bei der Entscheidung zu helfen, wie er darauf reagieren soll.
Wenn der Ratsuchende andererseits seine Krise gut genug
versteht und weiß, was Gott von ihm will und wie er es tun
soll, sich aber weigert, es zu tun, muß sich der Seelsorger
mehr auf die Person konzentrieren als auf die Situation
oder die Reaktion.

Diese Hilfe in allen drei Bereichen umfaßt folgende Aktivitäten:

1. *Analyse:* Situation erfassen und biblisch bewerten.
2. *Inventar*: Welche Hilfen stehen zur Verfügung?
3. *Direktive*: Biblische Anweisungen, wie die Krise zu
   lösen ist.

Der Rahmen für die Krisenseelsorge besteht also aus drei
kritischen Faktoren, die mit den drei Bereichen (Situation,
Person, Reaktion) in der Krise korrespondieren. Jene Faktoren sind: Analyse, Inventar, Direktive.

Wenn ein Seelsorger die Lage richtig analysieren, ein Inventar des Zustandes und der Hilfsquellen eines Ratsuchenden und biblische Direktiven zur richtigen Reaktion auf eine Krise geben soll, muß er die Kenntnisse und Fähigkeiten erwerben, die dazu gehören. In jedem Kapitel werde ich einen dieser drei Faktoren erörtern. Die Fähigkeiten zur praktischen Ausübung müssen aus der betenden Anwendung dieser Kenntnisse hervorgehen.

Wir wollen einen Bibeltext betrachten, in dem eine Krise richtig überwunden wurde.

Der dritte Brief des Johannes wurde von dem Apostel an Gajus geschrieben, um ihm zu helfen, auf eine Christus wohlgefällige Weise mit einer Krise fertigzuwerden.

Die Gemeinde, der Gajus angehörte, war wegen des Ehrgeizes von Diotrephes in Gefahr. Dieser Mann war (wahrscheinlich) Leiter der Gemeinde. Diotrephes hatte es abgelehnt, reisenden Missionaren Gastfreundschaft zu gewähren, obwohl sie von Johannes selbst ausgesandt waren. Da er seinen Einfluß durch sie in der Gemeinde bedroht sah, lehnte Diotrephes die Missionare nicht nur selber ab, sondern verbot auch den Gemeindegliedern, sie aufzunehmen. Als Strafe bedrohte er sie mit Ausschluß aus der Gemeinde.

Gajus hatte die Missionare willkommen geheißen und war vermutlich aus der Gemeinde ausgeschlossen worden. Nun fragte er sich: „Habe ich richtig gehandelt oder nicht?"

Obwohl der Apostel Johannes den Diotrephes brüderlich ermahnte, blieb dieser bei seiner ablehnenden Haltung. Das wirkliche Problem bestand darin, daß Diotrephes die Autorität Jesu Christi ablehnte, indem er die apostolische Autorität des Johannes abwies. Jetzt schreibt Johannes in diesem Brief an Gajus, daß er möglichst bald kommen will, um die Sache persönlich zu regeln. Aber in der Zwischenzeit schrieb Johannes den Brief auf einem einzigen Papyrusblatt und schickte ihn schnell dem Gajus, um ihm zu helfen, mit der Krise in seinem Leben und in dem der Gemeinde fertigzuwerden.

In dieser Krise tauchen alle drei Elemente auf: Johannes analysiert die Situation genau, bewertet sorgfältig die Einstellungen und Handlungen des Gajus und gibt ihm klare Direktiven für eine richtige Entscheidung. Alle drei Elemente — die Krisensituation, die Person in der Krise und die richtige Reaktion auf die Krise — spielen im Brief eine herausragende Rolle.

Vorträge über Krisenseelsorge sind wie ein „Erste-Hilfe-Kurs für christliche Seelsorger". Nach einem Unfall kann man den Verletzten meist nur Erste Hilfe leisten. Die eigentliche Behandlung erfolgt im Krankenhaus. Wie sie gelingt, darüber entscheidet häufig, ob und wie die Erste Hilfe geleistet wurde. Vergleichbar arbeitet die Krisenseelsorge. Eines ihrer Ziele wird immer darin bestehen, die erste Not zu lindern und Notfälle zu beheben, um sie dann einer regelmäßigen und tiefergehenden Seelsorge zuzuführen.

2. Kapitel

Analyse

Wir werden immer wieder Krisen zu bewältigen haben. Einige verursachen wir selbst, andere (wie bei Hiob) haben äußere Ursachen, manche sind vorauszusehen, andere überfallen uns. Einige Krisen haben eine offensichtliche Ursache: „Mein Mann will die Kinder ganz anders erziehen als ich. Soll ich mich scheiden lassen?" Andere sind viel komplizierter: „Mein ganzes Leben ist zusammengebrochen — meine Hoffnungen, meine Werte, meine Ziele — alles, und ich weiß nicht, wohin ich mich wenden soll oder was ich tun soll." Es gibt eingebildete und echte Krisen, manche werden auch erfunden (um die Verantwortung nicht übernehmen zu müssen oder um andere zu manipulieren).

Eine Krise in ihre Bestandteile zerlegen

Eine Aufgabe der Analyse ist es, die Art der Krise festzustellen. Bevor der Seelsorger nicht erkannt hat, um welche Krise es sich handelt, kann er keine Strategie entwickeln, wie die Krise zu bewältigen ist.
In den Botschaften des auferstandenen Christus an sieben Gemeinden Kleinasiens (Offenbarung 2 und 3) ist diese Reihenfolge zu erkennen: Zunächst wird die Analyse, die Christus vorgenommen hat, in einigen Ergebnissen zusammengefaßt: „Ich weiß, wo du wohnst . . .", „ich weiß deine Trübsal", „ich weiß deine Werke". Dann wird ein Ratschlag erteilt, der dieser Analyse entspricht.
Bevor der Seelsorger nicht mit Jesus sagen kann: „Ich

weiß ...", ist er nicht in der Lage, Hilfe leisten zu können. Eine Krise analysieren heißt also, sich ernsthaft fragen und aufgrund eines sorgfältigen Studiums der jeweiligen Situation die Frage beantworten: In welcher Krise steckt der Ratsuchende?

Bevor ich weitere Aufgaben der Analyse vorstelle, will ich kurz einen Bereich erwähnen, der damit zusammenhängt, auf den ich aber nicht näher eingehen kann.

C. S. Lewis beginnt sein Buch „Durchlebte Trauer" mit folgenden traurigen Worten: „Niemand sagte mir ..." Wenn ihn jemand auf die von ihm beschriebene Krise ausreichend vorbereitet hätte, wäre er damit zweifellos besser fertiggeworden. Seelsorger müssen lernen, den Gemeindegliedern *vorbeugend* zu helfen, indem sie sie auf Krisen vorbereiten. Es ist töricht — wenn nicht gar tragisch — zu warten, bis ein Mensch in eine Krise geraten ist, um dann erst mit der Hilfe zu beginnen. Es gehört zu den wichtigsten Aufgaben eines Seelsorgers, Menschen anzuleiten, wie sie Krisen bewältigen können.

Jungen Ehepaaren sollte geholfen werden, über die Trauer zu sprechen, *bevor* sie ihre Eltern verlieren. Jugendliche, die oft von einer Krise in die andere taumeln, müssen bereits als *Kinder* lernen, wie sie unnötige Krisen vermeiden und mit den unvermeidlichen, tiefgehenden Erfahrungen der Pubertät fertigwerden.

Ich erwähne diesen Bereich aber nicht nur, weil ich ermutigen will, Krisenvorbeugungsunterricht zu erteilen. Es soll auch deutlich werden, daß viele Prinzipien der Seelsorge auch für die zutreffen, die noch keinen Rat suchen oder versuchen, allein mit den Schwierigkeiten fertigzuwerden.

Abschließend möchte ich empfehlen, die biblischen Prinzipien der Krisenbehandlung nicht nur zu unterrichten, sondern auch im Spiel mit verteilten Rollen zu veranschaulichen und zu üben.

Wenden wir uns erneut der Analyse zu. Zunächst will ich klarstellen, wie ich das Wort gebrauche. Wenn ich von der

Analyse einer Krise spreche, meine ich den Vorgang, eine Krisensituation in ihre Bestandteile zu zerlegen.

Damit soll deutlich werden:

1. Jede Krise hat Abschnitte, Aspekte oder Elemente, die, um sie besser verstehen und lösen zu können, in *gewisser* Hinsicht voneinander getrennt werden müssen.

2. Es ist falsch, die Struktur von Krisensituationen *allgemein* festzulegen. Jede Krise muß — wie ein Diamant — einzeln studiert werden, um die besonderen Punkte zu bestimmen, an denen geschliffen werden soll. Die Entscheidung wird von der „Beschaffenheit des Diamanten" bestimmt, nicht von dem, der ihn bearbeitet. Die Art der Krise selber muß vorschreiben, wo „geschliffen" werden soll.

Um Krisen erfolgreich zu meistern, muß der Seelsorger das Ganze in Teile zerlegen. Manchmal ist es wichtig, manche Gebiete gründlicher zu unterteilen als andere. Krisen empfindet der Betroffene meist als Ganzheit: „Die Wälder sind zu riesig, zu dunkel, zu verwirrt. Was soll ich tun?"

Mit Hilfe des Seelsorgers muß der Ratsuchende sein Problem in einzelne Bereiche aufteilen, einen biblischen Plan zur Lösung entwerfen, in einer bestimmten Reihenfolge jedes Element behandeln und gleich mit dem ersten Schritt beginnen: den ersten „Baum" fällen.

Folgende Symptome verlangen deutlich danach, die Krise in ihre Bestandteile zu zerlegen:

1. *Wenn der Ratsuchende ständig von der Riesengröße seiner Krise spricht*

   Wenn er sein Problem etwa so ausdrückt: „Das ist zuviel!", „Das ist mehr, als ich aushalten kann!", „Wie soll ich denn das alles schaffen?"

   In solchen Fällen ist eine Aufteilung dringend angebracht. Wenn der Ratsuchende sagt: „Ich habe mir zuviel zugemutet", können Sie ihm ruhig zustimmen und ihm helfen, das Ganze in kleinere Stücke zu zerlegen.

2. *Wenn der Ratsuchende wegen der Kompliziertheit der Krise verwirrt ist*

Wie der Ratsuchende seine Situation beschreibt, ist oft schon das Signal: „Ich bin ganz durcheinander, wenn ich versuche, darüber nachzudenken ..." Oder: „Ich weiß einfach nicht, wo ich anfangen soll."

3. *Wenn der Ratsuchende in einem bestimmten Zeitraum mehr tun zu müssen glaubt, als er sich zumutet*

Typisch dafür sind Äußerungen wie: „Aber was werde ich tun, wenn ...?" Wo diese „Was-Wenn-Formel" mit starker Erregung verbunden ist, weist sie fast immer auf große Besorgnis hin. In solchen Fällen muß der Seelsorger dem Ratsuchenden helfen, die Aufgaben auf bestimmte Tage zu verteilen und sich auf den *heutigen* Tag zu konzentrieren. Alles andere ist noch nicht an der Reihe. Das ist auch der Vorschlag Jesu: „Sorgt nicht für den anderen Morgen ... Es ist genug, daß ein jeder Tag seine eigene Plage habe"(Matthäus 6, 34).[1]

Das biblische Wort für Sorge bedeutet im Griechischen interessanterweise „trennen, aufteilen, auseinandernehmen". Der Seelsorger muß also dem Hilfesuchenden helfen, die Situation auseinanderzunehmen, bevor die Situation ihn auseinandernimmt.

4. *Wenn der Ratsuchende allgemein über Ungerechtigkeit klagt*

In solchen Fällen versäumt er es, zwischen menschlicher Verantwortung und göttlicher Souveränität zu unterscheiden. Ausdrücke wie: „Warum mußte gerade *das* geschehen?", *„Mir* passiert immer alles!", oder: „Hans ist kein

---

1 Vgl. Jay E. Adams, „Festgefahren? — Einübung in ein befreites Leben".

Christ, aber *er* hat nicht so viel zu leiden", weisen auf Schwierigkeiten hin, die schon Männer der Bibel hatten.

Wenn diese Symptome auftreten, müssen in einer Analyse die verschiedenen Elemente einer kritischen Situation untersucht werden. Oft werden schon dadurch Teile des Problems gelöst.

Nehmen wir eine typische Krisensituation, bei der eine genaue Analyse sofort die ganze Sachlage verändert:

„Ich bin ruiniert. Ich bin am Ende. Alles ist auf einmal gekommen. Ich werde mein Haus verlieren ... Was soll ich nur tun?"

Wo fängt der Seelsorger an?

Er fragt: „Herr X, wie hoch sind Ihre Schulden?"

„Ich weiß es nicht genau, aber es sind mehr, als ich je bewältigen kann!"

Ein guter Seelsorger wird hier nachfassen; denn wie kann sich jemand Sorgen machen über einen finanziellen Zusammenbruch, wenn er nichts Konkretes sagen kann? Zunächst muß sich der Seelsorger bemühen, die wirklichen Tatsachen zu erfahren. Also: Wie hoch sind die Schulden? Welche finanziellen Mittel stehen dem Verschuldeten zur Verfügung? Welcher Gläubiger hat sofortige Zahlung verlangt?

Der Seelsorger muß herausfinden, was die Krise auslöste. Wenn eine Analyse der Situation gemacht worden ist, können Tatsachen, die zur Lösung der Krise wichtig sind, aussortiert und ein Programm entworfen werden. Die Antwort wird bestimmt recht deutlich ausfallen, und in vielen Fällen erweist sich die Lage danach doch nicht als unlösbar.

Eine übersichtliche Organisation wird dadurch erreicht, daß man zuerst die Tatsachen erfaßt, das Dringende vom weniger Dringenden trennt und dann entsprechend plant.[2] Das macht oft schon viel aus.

Die Analyse gehört an den Anfang!

---

2 Zum Thema: Finanzielle Schwierigkeiten vgl. „Handbuch für Seelsorge", S. 179 f., 316 f.

Eine Krise aus der Sicht Gottes bewerten

Wir haben schon gesagt, daß eine Krise eine Situation ist, in der Handlungen erforderlich sind, die zu tiefgreifenden Folgen führen. Das ist *ein* Gesichtspunkt. Aber wir hatten die Definition der Krise im Wörterbuch kritisiert, weil sie Gott außer acht läßt. Der christliche Seelsorger kann Gott nicht weglassen. Darin besteht gerade die Einzigartigkeit seiner Seelsorge: Er analysiert die Lage unter dem Gesichtspunkt, daß Gott der Hauptfaktor ist.

Gott ist souverän. Wie schlimm eine Krise auch erscheinen mag, sie ist für ihn nie außer Kontrolle. Keine Krise ist außerhalb seines Blickfeldes und seiner Fürsorge. Gott läßt *alle Dinge* zum *Besten* für die mitwirken, die ihn lieben (Römer 8, 28). Auch *diese* Krise ist also ein Teil des Planes Gottes. Die Zeit wird kommen, da der Christ sehen wird, *wie* ihm alles zum Besten diente — aber gewöhnlich erkennt er es erst nachträglich.

Der Seelsorger muß versuchen, unter allen Umständen Gott wieder ins Gespräch zu bringen. Damit meine ich nicht, ein paar Bibelverse lesen und beten. Das ist zwar auch notwendig. Aber allzuoft ist die Art und Weise, in der die Bibel und das Gebet eingesetzt werden, viel zu oberflächlich. Gott muß zur Sprache kommen als das wichtigste Element in der ganzen Situation. Das weckt Hoffnung.

Warum haben Christen Angst vor einer Krise? Weil sie Gottes Ziele in dieser Krise zu wenig beachten. Die Aufgabe des Seelsorgers besteht darin, Gott mit der Krise in Zusammenhang zu bringen. Es ist wichtig, daß der Seelsorger die Krise als ein Geschehen darstellt, in dem Gott am Wirken ist, um seinen Plan zum Segen seiner Kinder, zur Förderung des Evangeliums und zur Ehre seines Namens auszuführen. Dadurch gewinnt die Krise eine ganz neue Perspektive. Sie wird eine Krise, *in der Gott miteinbezogen ist.*

Aus dieser Sicht schreibt Paulus der Gemeinde in Philippi,

als er von Gott auf die Seite genommen war und im Gefängnis saß:

„Wie es um mich steht, das ist nur mehr zur Förderung des Evangeliums geraten" (Philipper 1, 12).

Seine Haft bot eine einzigartige Gelegenheit, vielen Soldaten die frohe Botschaft weiterzusagen. Viele Brüder gewannen zudem neuen Mut, Christus zu bezeugen, und bald würde Paulus Gelegenheit finden, selbst dem Kaiser das Evangelium zu verkündigen. Wenn Paulus nicht erkannt hätte, daß Gott auch durch diese Haft an der Arbeit ist, hätte er die Gefangenschaft nur als furchtbare Tragödie betrachten können. Er hätte wahrscheinlich an Gottes Weisheit und Macht zweifeln müssen. Ob er dann noch fähig gewesen wäre, seinen Bewachern Christus zu bezeugen und andere zu ermutigen? Da er aber wußte, daß Gott in der Krise bei ihm war, konnte er auf das Ziel schauen und brauchte nicht zu verzagen.

Hier will ich zunächst vier Folgerungen nennen, die sich aus dieser Einstellung ergeben:

1. *Gott als Herrn über die Krise anzuerkennen, setzt ihr eine Begrenzung*

Unter diesem Aspekt müssen die Gedanken und die Ausdrucksweise des Hilfesuchenden umgewandelt werden: Die Lage ist für ihn weder „hoffnungslos" noch „unmöglich". Sie ist weder „zu viel" noch „außer Kontrolle". Einer ist da, der von sich sagte: „Ich bin bei euch jeden Tag!" Die Krise kann sich nur so weit entfalten, wie dadurch die Absichten Gottes durchgesetzt werden.

2. *Wenn Gott in der Krise dabei ist, hat alles einen Sinn*

Das Auf und Ab des Lebens besteht nicht aus einer Folge unsinniger Vorfälle. Weil Gott auch mit einer Krise seinen Plan verfolgt, haben selbst Schmerz und Trauer einen Sinn. Durch diese Einsicht werden wir frei, uns aktiv an der Bewältigung der Krise zu beteiligen.

Die Analyse bedeutet also nicht nur, die Krise in ihre grundlegenden Elemente *aufzuteilen*, es geht auch darum, sie richtig *einzuschätzen*. Die Analyse soll helfen, die Lage so zu sehen, wie sie wirklich ist: als Aktion im Plan Gottes, die von allen Seiten durch seine Ziele und seine Liebe begrenzt ist.

3. Keiner wird in einer Krise überfordert

„Es hat euch noch keine Versuchung getroffen über menschliches Ausmaß hinaus. Gott hält euch die Treue. Er läßt es nicht zu, daß ihr über euer Vermögen hinaus versucht werdet. Er wird zusammen mit der Versuchung auch den Ausweg für euch schaffen, so daß ihr die Versuchung durchstehen könnt" (1. Korinther 10, 13).[3]

Gott macht drei ermutigende Verheißungen:

a) Keine Versuchung ist einzigartig. Andere haben sie vorher schon erfolgreich durchstanden. Das gibt Hoffnung und bedeutet Verantwortung.

b) Jede Versuchung ist für den einzelnen Christen angemessen. Keine überfordert ihn, *wenn* er auf Gottes Weise darauf reagiert. Auch das bedeutet Hoffnung und Verantwortung.

c) Gott wird seine Kinder aus der Versuchung herausführen. Sie ist nicht ewig. Und beachten wir: Gott bekräftigt diese Verheißung durch seine Treue. Auch das gibt zusätzliche Hoffnung und Verantwortung.

4. Die Gegenwart Gottes in einer Krise bedeutet, daß genügend Kraft und Weisheit vorhanden ist, um die Krise zu überwinden

Als Paulus schrieb: „Ich vermag alles durch den, der mich mächtig macht, Christus" (Philipper 4, 13), teilte er keine frommen Gemeinplätze mit. Er formulierte dieses Bekenntnis in einer Krise und sprach gleichzeitig von seiner Erfahrung der Treue Christi in anderen Krisen.

---

3 Vgl. dazu: „Unmöglich' — ein unmögliches Wort" in „Befreiende Seelsorge", S. 111 ff.

Das ist die biblische Analyse einer Krise, eine Analyse, die der Seelsorger dem Ratsuchenden mitteilen muß: Jede Krise ist durch die Gegenwart Gottes begrenzt. Er begrenzt ihre Macht, ihren Umfang, ihren Zweck. Die Krise ist sinnvoll, weil sie ein Teil des Planes Gottes ist. Der Hilfesuchende kann sich an der Bewältigung beteiligen.

Entscheidend ist, daß der Seelsorger selber daran glaubt. Ob er nun jeden Aspekt der biblischen Perspektive aussprechen kann oder nicht, der Seelsorger *wird* seine Überzeugungen weitergeben. Wenn er diesen biblischen Standpunkt einnimmt, werden auch die beiden wichtigsten anderen Bestandteile der Beratung: Hoffnung und Verantwortung nicht fehlen. Und gerade Hoffnung und Verantwortung braucht der Hilfesuchende bei der Analyse seiner Probleme.

Wir wollen uns jetzt der *praktischen* Seite der Analyse zuwenden. In fünf Abschnitten will ich die für eine Analyse erforderlichen Aktivitäten erläutern: Tatsachen sammeln, neu interpretieren, bewerten, einordnen, neu planen.

1. Tatsachen sammeln

Tatsachen über die Krisensituation zu sammeln ist unumgänglich. Da ich diesen Punkt an anderer Stelle ausführlich behandelt habe, will ich nur noch ergänzen, was speziell für die Krisensituation gilt.[4]

Wenn der Ratsuchende sehr erregt oder stark erschüttert ist, vielleicht sogar einen Schock erlitten hat, wird der Seelsorger Mühe haben, die notwendigen Fakten zu erfahren. Er wird weniger Angaben als sonst erhalten, die zudem wahrscheinlich noch ungeordnet und von der augenblicklichen Erregung geprägt sind. Um so gründlicher muß er alles strukturieren, um an die entscheidenden Fakten heranzukommen. Zunächst wird der Seelsorger die sogenannten Grundfragen stellen:

---

4 Vgl. Kapitel 13 in „Handbuch für Seelsorge": Informationen sammeln.

Was ist geschehen?
Was haben Sie bisher unternommen?
Was soll ich für Sie tun?

Um die wichtigsten Angaben zu erhalten, sollten sich seine weiteren Fragen auf drei Gebiete beschränken:

a) Die an der Krise unmittelbar Beteiligten
Wer sind sie? Wie sind sie an der Krise beteiligt? Gibt es andere Personen, an die der Ratsuchende sofort denkt? In der Regel stehen Krisen in irgendeiner Beziehung zu anderen Menschen. So werden z. B. selbst finanzielle Rückschläge schon wegen der menschlichen Verflechtungen des Verlustes zu Krisen.

b) Das Verhältnis des Hilfesuchenden zu anderen beteiligten Personen und seine Verpflichtungen ihnen gegenüber
Schuldet er Geld? Muß er jemanden um Vergebung bitten? Hat ihn jemand verleumdet?

c) Fragen, die sich aus der Krise ergeben haben bzw. ergeben werden

Die Grundfragen, die zunächst allgemein gestellt wurden, können nun zu diesen drei Bereichen gestellt werden.
Im ersten Bereich also: Was ist bei Ihnen bzw. jedem anderen Beteiligten geschehen? Wie haben Sie darauf reagiert? Was soll ich für Sie tun?
Auf den zweiten Bereich übertragen: Wie hat sich Ihr Verhältnis zu den anderen Personen entwickelt? Was sind Ihre Verpflichtungen ihnen gegenüber? Was haben Sie bisher getan, um die daraus entstandenen Probleme zu lösen? Was erwarten Sie von mir?
Und für den dritten Bereich: Welche Fragen sind es? Was haben Sie getan, um diese Fragen zu beantworten? Was wollen Sie, daß ich in dieser Sache tue?
Abschließend sei noch einmal betont: Diese erste Stufe — Tatsachen sammeln — ist die grundlegende Stufe, auf der sich alles weitere aufbaut. Je gründlicher Sie dabei vorgehen,

desto besser werden Sie die weiteren Stufen erklimmen können. Gründliches Vorgehen beim Sammeln der Daten und Fakten wird aufzeigen, welche Krisen wirklich und welche eingebildet sind. Das Achtgeben allein auf Gefühle wird nie solche Informationen erbringen. Nur wenn wir konkret werden, nach Tatsachen fragen und diese ernst nehmen, werden wir die Wahrheit erfahren. Man kann sich nicht sehr lange mit Tatsachen beschäftigen, ohne dabei das Entscheidende zu entdecken. Dagegen kann man monate- oder sogar jahrelang getäuscht werden, wenn man versäumt, mit Fakten zu arbeiten.

2. Tatsachen neu beurteilen

Nachdem der Seelsorger möglichst viele Tatsachen gesammelt hat, wird es ihm darum gehen, sie für den Ratsuchenden in biblischen Begriffen neu zu beurteilen. Ich sage, *neu* beurteilen, nicht beurteilen.
Der Hilfesuchende selbst hat seine schwierige Situation als Krise beurteilt. Und weil er die Tatsachen falsch oder einseitig beurteilte, suchte er die Beratung auf.
An bestimmten Formulierungen des Ratsuchenden läßt sich meist erkennen, wie er seine Situation beurteilt. Wenn er ständig wiederholt: „Es ist mein Untergang!" — „Es ist zu spät!" — „Was für einen Sinn hat es, weiterzumachen?" oder ähnlich, weiß der Seelsorger, daß er die Lage des Verzweifelten aus der Sicht der Bibel in ein neues Licht stellen muß. Wenn die Ratsuchenden von ihrer Hoffnungslosigkeit und Hilflosigkeit sprechen, könnte es wichtig sein, aufgrund von 1. Korinther 10, 13 diese Haltung in Frage zu stellen. Aus einem „Unmöglich" wird dann ein „Schwer, aber nicht zu schwer für Gott"; aus „außer Kontrolle" wird „schwer unter Kontrolle zu bringen, aber Gott kontrolliert es schon".
Vor einem möchte ich in diesem Zusammenhang besonders warnen: Wenn Sie die Situation des Ratsuchenden neu beur-

teilen, dürfen Sie seine Krise nie verharmlosen. Nehmen Sie jedes seiner Probleme ernst, aber bestehen Sie darauf, daß der Hilfesuchende Gott und seine Verheißungen ebenso ernst nimmt.

Die Tatsachen neu zu beurteilen, kann äußerst wichtig sein. Wenn z. B. ein Homosexueller seine Homosexualität als Krankheit ansieht, muß der Seelsorger dieses Faktum in biblischen Begriffen als *Sünde* auslegen. Das kann entscheidend sein. Wenn die Homosexualität erblich oder eine Krankheit ist, gibt es keine Hoffnung. Wenn sie Sünde ist, gibt es die ganze Hoffnung, die in Jesus Christus zu finden ist.

Bezeichnungen wie „Krankheit" und „Sünde" sind die Ergebnisse unterschiedlicher Beurteilung. Aber sie sind mehr als das: sie sind auch *Wegweiser*, die auf Lösungen hinweisen oder zumindest auf die Richtung, in der eine Lösung zu finden ist. „Vererbung" weist nicht auf Christus hin — er starb nicht, um unsere erbliche Veranlagung zu ändern, sondern für unsere Sünden. „Vererbung" weist in eine Sackgasse, denn wer kann neue Eltern bekommen und mit neuen Genen und Chromosomen ein neues Leben anfangen?[5]

3. Tatsachen nach ihrer Wichtigkeit bewerten

Das kann geschehen, indem man unterscheidet zwischen Fragen, die sofort behandelt werden müssen („Wie überreden wir Maria, ihren Koffer auszupacken und zu bleiben?" — „Johannes, du mußt die Pistole hinlegen, damit wir darüber reden können, ob dein Leben sich nicht *doch* lohnt"), und Fragen, die weniger dringend sind („Sie können später entscheiden, ob Sie das Geschäft verkaufen wollen und woanders hinziehen" — „Erörtern wir zuerst Ihre allgemeine

---

5 Vgl. dazu: „Das Problem heißt Sünde" in „Handbuch für Seelsorge", S. 85 ff. und „Was fehlt den ‚seelisch Kranken'?" in „Befreiende Seelsorge", S. 23 ff.

finanzielle Lage, bevor wir uns entscheiden, was wir mit dem Gläubiger tun, der Sie seit einer Woche ständig anruft").

Eine andere Möglichkeit besteht darin, die *einfachen* Fragen von den *komplexeren* zu trennen. Oft geht es zu Beginn einer Krisenberatung weniger darum, *was* eine Person tut, als daß sie überhaupt *etwas* tut. Einfachere Fragen sind deshalb gewöhnlich vorzuziehen. Johannes sagte Gajus zunächst, er solle den Missionaren weiterhin Gastfreundschaft erweisen und sich darauf konzentrieren, das gut durchzuführen. Die komplizierteren Fragen des Verhältnisses zwischen Gajus und Diotrephes und der Gemeinde wurden auf einen späteren Zeitpunkt verschoben.

Eng verbunden mit der Unterscheidung zwischen einfachen und komplexen Fragen ist die Bewertung der Konsequenzen. Was wird weitreichendere Folgen haben? Es ist weise, mit kleinen Schritten zu beginnen.

4. Wichtiges vom Unwichtigen trennen

Indem Tatsachen gesammelt und neu beurteilt werden, entpuppt sich einiges als bloße Vermutung, Gefühlsäußerung und Phantasterei. Dadurch sind wir der Lösung schon ein gutes Stück nähergekommen.

Auch bei wichtigen Punkten ist es oft nicht nötig, alle Nebenfragen eingehend zu behandeln. Bei einer Halluzination z. B., die ein bedeutendes Problem noch verworrener macht, ist es oft möglich, eine vollständige Untersuchung und Erörterung dieser Frage zu verschieben. Halluzinationen haben in vielen Fällen nichts mit Drogen zu tun, sondern sind Folgen andauernder Schlaflosigkeit. Wenn dies als wahrscheinlich angenommen werden kann, ist es besser, sich direkt mit den Problemen zu beschäftigen, die die Schlaflosigkeit verursachten. Schicken Sie den Hilfesuchenden ins Bett zum Ausschlafen!

5. Einen Plan erstellen

Wenn Sie die Spreu vom Weizen geschieden haben, bleibt noch eine Sache, die Sie erledigen müssen: die neu beurteilten und bewerteten Tatsachen in die Reihenfolge bringen, in der sie behandelt werden sollen. Sie müssen einen Plan machen. Dieser Plan ist unentbehrlich, um Menschen in Krisensituationen zu helfen. Oft hat der Ratsuchende kein Urteilsvermögen in eigener Sache. Oft neigt er dazu, Entscheidungen aufgrund seiner Gefühle zu treffen, anstatt aus der Überzeugung, die einer betenden Betrachtung der Bibel entspringt. Anders als Mose, der die zeitlichen Reichtümer Ägyptens gegen den langfristigen Segen Christi eintauschte, neigt der Mensch in Krisensituationen dazu, kurzfristige und langfristige Lösungen durcheinanderzuwerfen.

Oft schöpft der Ratsuchende schon dadurch neue Hoffnung, daß man einen Plan zur Bewältigung der Krise entwirft. Wenn der Ratsuchende schwarz auf weiß in einer festen Reihenfolge sieht, was zu tun ist, kommt er wieder ins Gleichgewicht und verliert nicht mehr so schnell die Balance.

Zusammenfassung: Der christliche Seelsorger arbeitet mit Tatsachen. Es geht ihm darum, jede Krisensituation möglichst vollständig zu analysieren, um die Tatsachen herauszufinden. Dies umfaßt fünf Schritte:

1. Tatsachen sammeln
2. Tatsachen neu beurteilen
3. Tatsachen bewerten
4. Wichtiges vom Unwichtigen trennen
5. Einen Plan zur Bewältigung erstellen

3. Kapitel

Inventar

Der Zustand des Ratsuchenden

Um die Situation des Ratsuchenden zu erfassen, sollte man sich zuerst mit seinem Zustand beschäftigen. In welchem Zustand ist er? Diese Frage ist ungemein wichtig. Also:

1. Ist er im Vollbesitz seiner geistigen Kräfte?

Ein Betrunkener, der anruft und sagt, er will Selbstmord begehen, ein Hilfesuchender, der unter starker Einwirkung von Medikamenten steht, die er von sich aus eingenommen oder vom Arzt oder Psychiater verschrieben bekommen hat, ein Vater, der unter einem Schock steht, weil er eben erfahren hat, daß seine Tochter plötzlich gestorben ist, befindet sich in einer Ausnahmesituation. Informationen sind in solchem Zustand nur schwer vom Hilfebedürftigen selbst zu bekommen. Es wird notwendig sein, Angaben von anderen Beteiligten zu sammeln.

Bei solcher Verwirrung und gefühlsmäßigem Aufgewühltsein kann es viel ausmachen, wie der Seelsorger reagiert. Wenn er selber ruhig, gelassen und zuversichtlich ist, einen felsenfesten Glauben an die Verheißungen Gottes vermittelt und mitten im Chaos Hoffnung ausstrahlt, wird sein Vorbild einen gewaltigen Einfluß auf den Hilfesuchenden ausüben. Oft ist er dann binnen kurzer Zeit in der Lage, mit dem Seelsorger voll zusammenzuarbeiten.

Wenn aber ernsthaftere Behinderungen und Bewußtseinstrübungen vorliegen, muß zunächst anders verfahren werden. Manche müssen nur ordentlich ausschlafen, andere brauchen ärztliche Betreuung.

2. Ist der Ratsuchende Christ?

Für den Zustand des Hilfesuchenden und die Haltung des Seelsorgers ist diese Frage wichtig. Paulus schreibt: „Ihr braucht nicht traurig zu sein wie die anderen, die keine Hoffnung haben" (1. Thessalonicher 4, 13).

Zur Frage der Evangelisation in der Beratung muß hier folgender Hinweis genügen: Nachdem der Seelsorger geholfen hat, die akuten Schwierigkeiten zu beheben, sollte er die Gelegenheit ergreifen, die tieferliegende Ursache der Krise aufzuzeigen: daß der Ratsuchende sich bemüht, seine Probleme ohne Jesus Christus zu lösen.[1]

Wie bei jeder effektiven Evangelisation wird die Methode dabei unterschiedlich sein. Auch Jesus hat die Menschen individuell behandelt: Die etwas abrupte Art gegenüber Nikodemus unterscheidet sich deutlich von dem Gespräch mit der Frau am Jakobsbrunnen (Johannes 3 und 4). Und beide Berichte stehen in einem auffallenden Gegensatz zur Art und Weise, wie Jesus dem Blinden in Johannes 9 begegnet. Bei der ersten Begegnung Jesu mit dem Blinden wird der Weg zur Rettung gar nicht erwähnt. Jesus schickte den Blinden zum Teich Siloah, damit er geheilt würde. Als der Mann wegen seiner erstaunlichen Gesundung befragt wurde, wußte er nichts anderes zu sagen als: „Eines weiß ich: Ich war blind und bin nun sehend." Erst bei einer zweiten Begegnung sprach Jesus mit ihm über die Heilung seiner inneren Blindheit.

Gott führt manchmal in eine Krise, damit der Ratsuchende sein Leben neu überdenkt. Dem Seelsorger ist dann viel Feingefühl zu wünschen, damit er den vorbereiteten Boden zur Aussaat des Evangeliums gut nutzt. Denn jeder, der in die Seelsorge kommt, gibt zu, daß er Hilfe braucht.

3. Ist die Einstellung des Hilfesuchenden richtig oder falsch?

Wenn der Ratsuchende verbittert und ärgerlich, wütend oder ängstlich ist, wird es schwierig sein, seine Probleme sachlich

1 Vgl. „Evangelisation und Beratung" in „Befreiende Seelsorge", S. 57 ff.

zu besprechen. Der Seelsorger muß ihm zunächst helfen, seine Einstellung zu ändern. Wenn der Ratsuchende an der Krise selbst schuld ist, könnte es notwendig sein, sich sofort *damit* zu befassen und nicht mit dem falschen Verhalten *anderer*!

Die Reaktion auf die Krise

1. Was hat der Ratsuchende bisher unternommen?

Was hat der Ratsuchende bisher in der Krise getan? Was ist seine *Antwort* auf die Krise?

Die Freunde Hiobs legten die Betonung auf die Verantwortung *für* die Krise. Deshalb konnten sie Hiob nicht helfen, denn in Wirklichkeit war nicht die Krise selbst Hiobs Problem, sondern wie er sie verstehen und einordnen sollte.

2. Verknotete Probleme

Wenn ein Angler versucht, einen Knoten in seiner Schnur zu lösen und dabei sechs weitere hineinmacht, hat er das ursprüngliche Problem durch seine fehlerhaften Lösungsversuche vergrößert.

Nehmen wir eine typische Krise als Beispiel:

Marianne hat ihren Koffer gepackt; sie ist fest entschlossen, Hans zu verlassen und nie wiederzukommen. Er rennt verzweifelt hin und her und versucht, sie von ihrem Vorhaben abzubringen. Er liebt sie; er will nicht, daß sie ihn verläßt. Aber durch sein weinerliches Verhalten „verknotet er die Schnur" nur noch mehr. Was Marianne anwidert, ist sein schwacher, unmännlicher Charakter. Wenn diese Art des Bittens mißlingt, wird Hans wütend und „sagt ihr unverblümt die Wahrheit". Denn sein Stolz ist verletzt: Er hat sich vor ihr erniedrigt und ist abgelehnt worden. Er verliert den Kopf und schimpft sie aus. Damit rührt er an alte Wunden bei Marianne.

Wenn die beiden in die Seelsorge kommen, werden die ursprünglichen Gründe, warum Marianne sich zum Weggehen entschloß, sehr weit entfernt sein. An die Schärfe der unlängst gefallenen Worte wird sie sich aber noch lebhaft erinnern. Es wäre ein schwerer Fehler, sich nur (oder gar zuerst) auf jene weit entfernten Fragen zu konzentrieren und die jüngsten Verletzungen zu übersehen.

In einem anderen Fall sind möglicherweise zwei Probleme ineinander verknotet:

Schwierigkeiten am Arbeitsplatz mit einem gleichgestellten Kollegen und die nichtbekannte Schuld einer außerehelichen Affäre führen bei Robert zu einer Reihe schlafloser Nächte. Er kommt zur Seelsorge und gibt als Grund an, unter Halluzinationen zu leiden. Er und seine Frau sprechen zunächst von einer Depression, die zwei bis drei Wochen vor Beginn der Halluzinationen anfing. Aber sie erwähnen nur nebenbei, daß Robert Schwierigkeiten am Arbeitsplatz hat. Auch die schlaflosen Nächte werden zunächst nicht erwähnt. Erst wenn man bei der Untersuchung dieses Stück des Puzzles entdeckt, passen auch die anderen Stücke zusammen. Was die Eheleute für das Hauptproblem halten — die Halluzinationen — erweist sich als völlig sekundär. Das Nichtbekennen einer Schuld führt zu diesen schlaflosen Nächten, und diese wiederum zu den Halluzinationen. Dazu kommen noch die Schwierigkeiten am Arbeitsplatz.

Nehmen wir noch ein anderes Beispiel. Vielleicht ist ein Ratsuchender vorher bei einem anderen Berater gewesen. Dieser hat ihm gesagt, sein größtes Problem sei seine Frau. Er hat ihm geraten, sich scheiden zu lassen.

In diesem Fall müssen gleich zwei falsche Vorstellungen aus der Welt geschafft werden, bevor man überhaupt weitergehen kann.

Es ist ganz wichtig, herauszubekommen, was der Hilfesuchende bereits getan hat. Wenn er entmutigt ist, weil seine bisherigen Bemühungen fehlgeschlagen sind, muß ihm neue Hoffnung vermittelt werden.

Die richtige Motivation:

Gottes Wille an erster Stelle

Wenn wir zunächst nach *Zustand* und *Reaktion* des Ratsuchenden gefragt haben, so müssen wir jetzt auf seine *Motive* achten.

Ein Beispiel: Peter hat sich von Inge getrennt. Sie will, daß er zurückkommt. Beinahe jeder zweite Satz im seelsorgerlichen Gespräch lautet: „Ich würde alles tun, um ihn zurückzugewinnen." Der erfahrene Seelsorger wird diese Worte aufgreifen und mit ihr durchsprechen: „Inge, ich freue mich, daß Sie Peter zurückhaben wollen. Aber Ihre Motive machen mir Sorge. Wenn Sie sagen: ‚Ich würde *alles* tun, um ihn zurückzugewinnen', reden Sie nicht als Christ."

Es ist wichtig zu betonen, daß ein Christ alles tun will, *was Gott befiehlt*. Diese Ergänzung ist keine fromme Floskel. Sie stellt ein äußerst praktisches Prinzip dar, das einerseits die Wünsche Inges einschränkt, aber sie andererseits veranlaßt, in der Bibel zu entdecken, was Gott jetzt von ihr will. Sie entdeckt z. B., daß sie ihn nicht mit Lügen zurückgewinnen darf; es muß auf einer neuen Grundlage geschehen.

Das bloße Forschen nach Motiven ist immer heikel. Dennoch sollte der Seelsorger sorgfältig auf Bemerkungen achten, die etwas von den Motiven deutlich werden lassen.

Natürlich kann der Seelsorger auch nach Motiven *fragen:* „Was wollten Sie damit erreichen, daß Sie die Polizei anriefen?" — „Warum dachten Sie, es lohne sich nicht zu leben?" Ob er dann immer eine wahrhaftige Antwort erhält, steht allerdings auf einem anderen Blatt. Wie kann ein Seelsorger überhaupt sicher sein, daß er nicht nur „benutzt" und „manipuliert" wird, um etwas zu erreichen, was auf der heimlichen Liste des Ratsuchenden obenan steht?

Die Antwort ist einfach: Er kann sich dessen nicht sicher sein, wenigstens nicht sofort! Sollte er deshalb mißtrauisch jedes Wort bezweifeln und nicht als erwiesen annehmen? Manche

Berater machen genau das, weil sie meinen, die Ratsuchenden wüßten die Wahrheit nicht oder sagten sie nicht. Für einen christlichen Seelsorger kommt das aber nicht in Frage. In 1. Korinther 13 sagt Paulus sehr deutlich, daß die Liebe Risiken eingeht. Dieses Risiko, betrogen und ausgenützt zu werden, ist in der Seelsorge nicht auszuschließen; denn „die Liebe glaubt alles und hofft alles".

Muß der christliche Seelsorger deshalb naiv sein? Ganz und gar nicht! Es heißt aber, daß er fragliche Dinge zugunsten des Ratsuchenden auslegen wird. Wer Vertrauen schenkt, wird nur selten betrogen.

In einer Krise neigt jeder Mensch dazu, nur an sich selbst zu denken. Es ist die Pflicht eines Seelsorgers, einen Ratsuchenden darauf hinzuweisen, daß auch in einer Krise die Gebote Gottes beachtet sein wollen und den Vorrang vor eigenen Erwägungen haben müssen.

Die Mittel zur Bewältigung der Krise

Welche Hilfsmittel hat der Ratsuchende, um die Krise zu überwinden? Kennt er diese Mittel und versteht er sie zu gebrauchen?

Viele Menschen scheitern an Krisen, weil sie nicht alle Mittel gebrauchen, die Gott ihnen schenkt. Deshalb fehlt ihnen auch sehr oft die Hoffnung. Sie sind so mit sich selbst beschäftigt, daß sie nur ihre Krise sehen können, aber keinen Ausweg aus ihr.

Es gibt Mittel, aus denen der Krisengeschüttelte Hilfe und Hoffnung schöpfen darf. Einige seien hier genannt:

1. Persönliche Mittel

Auch wenn man in einer Krise keinen anderen Menschen heranziehen kann oder will, gibt es für den Christen zwei Verbündete: Gottes Wort und Gottes Heiliger Geist. In einer Krise wird ein Christ zuerst zu Gott getrieben. Im Gebet bittet er Gott um Klärung der Situation. Er wird gestärkt, „vom Geist gesegnet" (Jakobus 1, 25), indem er den Anregungen des Wortes gehorcht.

Ein Seelsorger wird den Ratsuchenden immer an die Bibel verweisen. Damit „zwingt" er ihn gewissermaßen, mit der Suche nach Lösungen zu beginnen, und zwar nicht nur nach irgendwelchen Lösungen, sondern nach *Gottes* Lösungen. Der Mensch in der Krise versinkt wie Petrus, weil und wenn er seine Augen und Gedanken auf den Sturm und die Wellen richtet. Er muß auf Christus hingewiesen werden, in dem die Lösung jedes Problems liegt. Der Seelsorger muß bei der „Inventur" darauf achten, ob der Ratsuchende mit der *Bibel* in der Hand seinem Problem gegenübersteht.

Viele Christen antworten auf entsprechende Fragen: „Ich habe darüber gebetet." Manche wollen damit fromm erscheinen; die meisten aber haben wirklich gebetet. Doch ihr Problem bleibt bestehen. Warum?

Weil das Gebet *allein* selten die Lösung eines Problems ist. Es ist nie allein die Lösung, wenn Gott in seinem Wort auch das Handeln verlangt. Wer um das tägliche Brot nur bitten wollte, ohne seine Hände zu regen, würde schnell verhungern. Immerhin sagt uns die Bibel, daß einer, der nicht arbeiten *will*, auch nicht essen soll. Das Gebet bildet mehr den Hintergrund für die Lösung, die durch den Gehorsam gegen Gottes Wort erreicht wird.

Christen bringen die besten Voraussetzungen mit, eine Krise zu überwinden. Durch das Studium und die Praxis des Wortes Gottes haben sie oft Fähigkeiten erlernt, die nur neu aktiviert werden müssen, um die gegenwärtige Krise zu meistern.

Wenn er in der Vergangenheit erfahren hat, daß Gott und Menschen vergeben, wo man in Reue umkehrt, warum sollte dann z. B. ein Ehebrecher, der seine Tat bereut, nicht wieder die Vergebung suchen? Warum sollte er meinen, weder Gott noch die Ehefrau noch die Gemeinde könnten diese Sünde vergeben? Was er in diesem Augenblick vielleicht neu lernen muß ist, sich zu demütigen und neu um Vergebung zu bitten. Der Seelsorger wird ein Wort wie 1. Korinther 6, 9—11 lesen, das so deutlich von der Vergebung und Reinigung spricht, die auch ein Ehebrecher durch Gott erfahren kann. Er wird 2. Korinther 2, 7—8 aufschlagen, wo Paulus die Korinther auffordert, einem Bußfertigen zu vergeben und in Liebe wieder aufzunehmen.

Manchmal ist nur eine Information notwendig, um die Krise zu lösen. Das galt in einem Fall für die Gemeinde in Thessalonich. Einige ihrer Mitglieder waren gestorben, und die übrigen waren betrübt. Ihre Trauer wurde durch die irrtümliche Vorstellung noch vermehrt, daß kein Christ vor dem Wiederkommen Jesu sterben würde. Jetzt waren doch Christen gestorben. Ihre falschen Hoffnungen wurden zerstört.

Paulus informiert sie: „Wir wollen euch aber, liebe Brüder, nicht im Ungewissen lassen über die, die da schlafen . . ."

Am Ende dieser Informationen schreibt er: „So tröstet euch nun mit diesen Worten untereinander." Die Antwort auf diese Krise war eine ausführliche Information.

Auf vieles hat Paulus seine Gemeinden schon vorher vorbereitet: „Denn schon als wir bei euch waren, sagten wir's euch voraus, daß wir Trübsale haben würden" (1. Thessalonicher 3, 4; 2. Thessalonicher 3, 10 und 1. Thessalonicher 4, 11). Paulus wartete also nicht, bis Krisen kommen würden; er lehrte schon im voraus, wie Krisen bestanden werden können.

Wenn Sie mit dem Flugzeug reisen, wird die Stewardeß Ihnen *vorher* sagen, was Sie tun müssen, falls Sie die Sauerstoffmaske brauchen. Eine Karte in der Tasche vor Ihrem Sitz beschreibt das Verhalten im Notfall. Die Stewardeß ist verpflichtet, auf die Sicherheitseinrichtungen hinzuweisen.

Ein bedeutender Teil der Bibel dient der Vorbereitung auf kommende Krisen. Vieles im Buch Daniel und in der Offenbarung kann als Vorausinformation verstanden werden. Sie soll helfen, sich auf diese Ereignisse vorzubereiten. Der Sinn dieser Bücher ist nicht, Spekulationen und Streit hervorzurufen: es sind „Handbücher" für Menschen, die Krisenzeiten durchmachen müssen.

2. Die Familie

Es muß dem Ratsuchenden aber auch gezeigt werden, daß die Mittel Bibel und Gottes Geist über sich hinausweisen. Sie betonen die Notwendigkeit, sich in einer Krise an andere zu wenden (Prediger Salomo 4, 9—12).

Wer sich in einer Krise an einen Seelsorger wendet, hat dieses Bedürfnis nach Mitteilung schon empfunden. Wenn der Berater Christ ist und sein Rat dementsprechend, hat der Ratsuchende einen guten Schritt getan. Doch beraten können nicht nur „Professionelle". Bibelstellen wie Galater 6, 1, Kolosser 3, 16 und Römer 15, 14 sind nur drei von vielen, die darauf hinweisen, daß jeder Christ einen Seelsorgedienst zu erfüllen hat. Die Eltern sollten ihre Kinder beraten, und ein Gemeindeglied sollte das andere zur „Liebe und zu guten Werken" anspornen. Die ganze Gemeinde als Leib Christi ist für jedes Glied verantwortlich, das in einer Krise steckt (1. Korinther 12, 26).

Zunächst sollte der Seelsorger die Familienmitglieder dazu auffordern, zu Hause ihre Verpflichtungen und Verantwortlichkeiten gemäß der Bibel ernst zu nehmen. Der Ehemann soll auch bei Krisen seine Aufgabe als Familienoberhaupt voll übernehmen. Seine Gattin soll ihn darin als Gehilfin unterstützen. Den Kindern muß klargemacht werden, daß sie in manche Schwierigkeiten geraten sind, weil sie versäumt haben, sich auf die Hilfsmittel zu stützen, die Gott ihnen in den Eltern geschenkt hat. Die Eltern müssen lernen, für ihre Kinder so zu sorgen und sie so zu erziehen, daß sie Zugang finden zum Glauben der Eltern.

Die Familie ist in Gottes Ordnung eine entscheidende Einheit und enthält solche gewaltigen Vorzüge, daß jeder Seelsorger als Versager angesehen werden muß, wenn er diese Hilfsmittel übersieht.

3. Die Gemeinde

Aber wir sind vielleicht noch schuldiger geworden, weil wir es oft versäumt haben, die Gemeinde und ihre Leitung als von Gott gegebene Hilfsmittel zur Bewältigung von Krisen heranzuziehen. Einem Jungen, der seine Rauschgiftsucht überwinden will, sollten viele Türen offenstehen, weil Gemeindeglieder ihn während der Zeit des Entzugs aufnehmen wollen. Eine Familie in finanziellen Schwierigkeiten sollte nicht auf das Fürsorgeamt angewiesen sein, sondern von der Gemeinde Unterstützung erhalten. Wenn die Gemeinde wirklich der Ort ist, wo man mit den Weinenden weint und sich mit den Fröhlichen freut, dann ist kein Problem unlösbar.

Paulus schreibt an Titus: „Überhaupt sollen unsere Gemeinden lernen, sich überall da in guten Taten hervorzutun, wo dringende Bedürfnisse vorliegen, damit ihr Leben nicht ohne Frucht bleibt" (Titus 3, 14).

Die Gemeinde hat dies weitgehend nicht gelernt, weil sie es nicht *gelehrt* worden ist, weder *daß* sie so handeln soll noch *wie*. Ein weiser Seelsorger wird die Glieder der Gemeinde bei seelsorglichen Aufgaben einschalten. Er kann als einzelner unmöglich in allen Krisen jedem zur Seite stehen. Die ganze Gemeinde muß für diesen Auftrag der Seelsorge mobilisiert werden.

Es erübrigt sich beinahe von selbst zu sagen, daß Seelsorger nur sein kann, wer Gottes Standpunkt vertritt und Gottes Perspektiven für ein Menschenleben kennt. Wie will er sonst Hoffnung vermitteln und neuen Lebensmut wecken?

Das führt uns zum letzten Punkt, der in diesem Zusammenhang wichtig ist: Eine Krise enthält die große Möglichkeit des geistlichen Wachstums.

Eine Krise darf den Ratsuchenden nicht besiegen; er soll sie besiegen. Ihm muß eine Schau dafür vermittelt werden, das Böse mit Gutem zu überwinden, die Tragödie in einen Triumph zu verwandeln. Er soll verstehen lernen, daß Gott das „Kreuz" gebrauchen will, um die „Auferstehung" zu ermöglichen. Wo die Sünde mächtig geworden ist — und wir müssen darin völlig realistisch sein: die Sünde *ist* mächtig —, muß der Seelsorger darauf hinweisen, daß die Gnade viel mächtiger werden kann. Es gibt eine Lösung für jedes Problem! Aber das ist noch nicht alles. Es gibt eine Lösung, die einen Menschen weiterbringt.

Die Krise ist eine Gelegenheit zur Heiligung. Sie gibt die Gelegenheit, die alten Wege zu überprüfen und jene zu verlassen, die Gott nicht gefallen; neue, von Gott eröffnete Wege sollen entdeckt und beschritten werden. Gerade weil „etwas passieren muß", ist die Gelegenheit zum Wachstum geschenkt. „Wenn eine Änderung notwendig ist", bemerkt der Seelsorger, „dann sollten wir sicher sein, daß es *Gottes* Änderung ist."

Die Krise kann grundsätzlich als göttliche Förderung zum Guten betrachtet werden. Diese Einschätzung schneidet der Verwirrung und der Verzweiflung den Weg ab. Sie ist zugleich eine Herausforderung und enthält eine Hoffnung, die größer und umfassender ist als jede Tragödie. Diese Hoffnung wird deshalb nicht trügen, weil sie auf Gottes Treue beruht. Auch Hiob erfuhr schließlich: „Der Herr segnete Hiob fortan mehr als einst" (Hiob 42, 12).

Zusammenfassung: Erste Hilfe in der Krisenberatung erfordert zunächst eine *Analyse* der Lage. Zu dieser Analyse gehört: Tatsachen erfahren, indem man sie sammelt, neu auslegt, bewertet, einordnet und das Vorgehen plant.

Sie erfordert ebenfalls ein *Inventar* des Menschen, der sich in einer Krise befindet. Zu diesem Inventar gehören folgende Elemente:

der Zustand des Ratsuchenden,
die Reaktion,
die Motive,
die Hilfsmittel des Ratsuchenden.

4. Kapitel

Direktive

Gründe für die Bedeutung der Direktive

„Analyse und Inventar sind wichtig, aber ohne Direktive ist alles nichtig." Seelsorger sollten diesen Spruch auswendiglernen. Denn gerade an diesem Punkt versagen viele. Entweder wissen sie nicht, wie sie den Betroffenen Direktiven geben sollen, oder sie fragen sich, ob sie es überhaupt sollen.

Es ist notwendig, eine Krisensituation zu analysieren, um den wahren Umfang des Problems zu entdecken. Wenn man Tatsachen sammelt, neu auslegt, bewertet, einordnet und neu plant, sind das wichtige vorbereitende Maßnahmen, die *alle* zum Ziel haben, etwas auf der gewonnenen Grundlage zu *unternehmen*. Die Analyse der Krise ist also kein Selbstzweck; sie wird durchgeführt, um das richtige, nach den Prioritäten der Bibel geordnete *Handeln* vorzubereiten.

Dasselbe gilt für das Inventar. Ein persönliches Inventar des Ratsuchenden wird gemacht, um es Seelsorger wie Ratsuchendem zu ermöglichen, die eigenen Stärken und Schwächen, die Ängste und den Glauben, das Wissen und die Unkenntnis richtig einzuordnen. All dies dient nur dazu, den Ratsuchenden zu ermutigen, so zu *handeln*, daß die Krise auf Gottes Weise überwunden wird. Deshalb sind dem Seelsorger der Zustand des Ratsuchenden wichtig, seine bisherigen Reaktionen auf die Krise, seine Motive, die vorhandenen Mittel und seine Sicht der Krise als Gelegenheit zum Wachstum. Er will alle Faktoren kennen, genauso wie er alles über die Lage wissen will, weil er erkennt, daß *dieser*

Ratsuchende mit all seinen Eigenarten *dieser* Krisensituation mit all ihren besonderen Aspekten begegnen muß.

Führt die Krisenberatung nach einem solchen festen Schema zu schablonenhafter Beratung? Keineswegs! Gerade das will ich vermeiden. Ich habe versucht zu zeigen, daß *alle* Aspekte wichtig sind, gerade weil es mir um die *Einzigartigkeit* jedes Seelsorgefalls geht. Das geduldige Sammeln von Fakten soll gerade jeder Pauschalierung den Boden entziehen.

Bei der Direktive sind drei Punkte wichtig, wobei der dritte nicht immer zur Anwendung kommt.

Wir hatten bereits gesehen: Eine Krise ist eine Situation, die eine Umwandlung erfordert. Deshalb ist das Handeln der Schlüssel zur Lösung einer Krise. Natürlich ist die Entscheidung, in einer Krise nichts zu unternehmen, auch ein Akt von tiefgehender Bedeutung. Für die Direktive gelten folgende Anweisungen. Sie muß

autoritativ (richtungweisend) sein,
konkret (gezielt) und
tentativ (vorläufig, erprobend).

Ein Mensch unter Druck ist zum Handeln entschlossen

Eine Krise wirft Fragen auf, die Entscheidungen und Handlungen erfordern. Dieser Druck kommt meist von außen her, aber er löst auch einen Druck im Innern aus. Ein Mensch in der Krisensituation — besonders der, der einen Seelsorger aufsucht — steht immer unter schwerem, gefühlsbedingtem Druck. Seine erregten Gefühle drängen geradezu auf eine Lösung. Das ist gut so und gibt zur Hoffnung Anlaß, daß nötige Wandlungen schnell in Angriff genommen werden können. Aber wenn die Gefühle vorherrschen, wird die klare, logische Überlegung nicht so sein, wie man es sich gern wünschen möchte. Die Gegenwart eines anderen, dem man vertraut, kann also ein großer Vorteil sein, da dieser gefühlsmäßig von dem Problem weiter entfernt ist und eine weniger nebelhafte Bewertung vornehmen kann. Die Direktive ist für den Ratsuchenden also wichtig, selbst wenn sie nur darin bestehen sollte, daß er eine andere Bewertung seiner Krise aus der Sicht der Bibel erhält.

Eine Krise erfordert Handlungen

Eine Direktive ist wichtig, weil etwas geschehen muß. Die Krise selbst erfordert dies. Aber auch der Mensch in der Krise muß handeln, er kann sich nicht einfach treiben lassen. Die Erregung in einer Krise mobilisiert sein Handeln und führt zur Aktivierung aller körperlichen Fähigkeiten. Das ist gut so, wenn diese freigesetzte Energie durch biblische Prinzipien in richtige Bahnen gelenkt wird. Emotionen wirken sich hingegen schlecht aus, wenn sie unbeherrscht zutage treten und den Menschen überwältigen. Wenn die Situation unklar bleibt oder Zweifel daran bestehen, was Gott mit dem Ratsuchenden erreichen will, wird das bloße Gefühl wahrscheinlich die Oberhand gewinnen. „Ein Zweifler ist unbeständig in allen seinen Wegen" (Jakobus 1, 8). Wenn der Ratsuchende die körperliche Spannung nicht begrüßt, sondern sie fürchtet und durch diese Furcht zusätzlich belastet wird, können die Handlungen außer Kontrolle geraten. Die Gefühle, die als Diener fungieren sollten, werden dann zu einem unerwünschten Despoten. Wenn die für das Handeln mobilisierte Energie nicht konstruktiv eingesetzt wird, um das zu tun, was Gott in seinem Wort verlangt, wird diese Energie letztlich destruktiv benutzt werden. Schlaflosigkeit und Angst würden entstehen, und törichte Entscheidungen wären aller Wahrscheinlichkeit nach die Folge.

Direktiven sollen biblische Lösungen aufzeigen

Deshalb ist die richtungweisende (direktive) Seelsorge so entscheidend. Die nichtdirektive Seelsorge von Rogers offenbart vielleicht am deutlichsten ihre Armut, wenn man sie anwenden will, um jemandem in einer Krise zu helfen. Das Widerspiegeln der Gefühle verengt die Sicht auf eine kleine Bandbreite meist unrealistischer und zudem unchristlicher Möglichkeiten des Ratsuchenden („Ich werde damit einfach nicht fertig; nur die Lüge wäre ein Ausweg").[2] Der Seelsorger kann helfen, falsche Alternativen abzubauen, und neue Handlungsweisen zeigen, indem er auf Gottes Möglichkeiten hinweist. Diese Möglichkeiten muß man natürlich *kennen*, wenn man ein Berater sein will, der den Namen Seelsorger verdient.

Die Psychologie bereitet den Menschen nicht auf die biblischen Antworten vor. Das ist ein wesentlicher Grund dafür, daß *christliche* Seelsorge, die ihre Einsichten aus Gottes Wort gewinnt, unentbehrlich ist.

Wichtig ist die helfende Person

Das griechische Wort *parakaleo* wie auch *nutheteo* bedeuten „Hilfe von außen". Sie weisen auf den Helfer hin, der neben oder vor dem Ratsuchenden steht, um ihn zu ermutigen und auf dem Weg zu assistieren, der gegangen werden muß. In der Krisenberatung ist dieses persönliche Element bedeutsam.

Im Philipperbrief bedauert Paulus seine Abwesenheit (1, 27; 2, 12). Er wollte gern persönlich da sein, um ihre Fragen lösen zu helfen. Paulus maß der Gegenwart des Seelsorgers große Bedeutung zu.

Was die Gegenwart eines Außenstehenden in der Krise wichtig macht, ist nicht nur der Trost und die Ermutigung, die er anbieten kann. Der Ratsuchende bedarf vielmehr noch der Strukturierung seiner Probleme von seiten eines Außenstehenden, weil er selbst wegen seiner Ängste und seiner

---

2 Die Methode nach Carl Rogers wird in „Befreiende Seelsorge", S. 68 ff., ausführlich behandelt.

Verwirrung dazu nicht in der Lage ist. Wenn alles außer Kontrolle geraten ist oder zu geraten droht, ist die Gegenwart eines Menschen, der sich um den Betroffenen kümmert und dessen Krise strukturieren kann, von entscheidender Bedeutung. Ratsuchende haben es mir gegenüber oft so ausgedrückt: „Danke, daß Sie mir nicht nur geholfen haben, den Willen Gottes für mich zu erkennen, sondern auch darauf bestanden haben, daß ich ihn tue."

Die Direktive in der Seelsorge muß autoritativ sein. — Die Autorität der Bibel und des Botschafters.

Wenn eine Frau sagt: „Ich will mich von meinem Mann scheiden lassen", und Sie als ihr Seelsorger wissen, daß sie dazu keine biblische Berechtigung hat, genügt es nicht, sie auf die irdischen Konsequenzen hinzuweisen. Sie dürfen also nicht argumentieren: „Überlegen Sie doch, welche nachteiligen Wirkungen das auf Ihre Kinder hätte!" Statt dessen müssen Sie sofort zum Kern der Sache vorstoßen und ihr sagen: „Das dürfen Sie nicht tun, weil es in Gottes Augen eine schwere Schuld ist." Dann begründen Sie das Gesagte mit Gottes Wort.

Die Autorität und Vollmacht in der Seelsorge hat ähnlich wie die Vollmacht bei der Predigt zwei Ebenen. Es geht um die Autorität der Botschaft und die Autorität des Botschafters. Diese ist eine abgeleitete Autorität als Folge seiner Berufung zum Botschafter. Daß er Gottes Wort verkündigt, ist letztlich das grundlegende Element seiner Autorität.

So ist es unentbehrlich, die von einer Krise aufgeworfenen Fragen anhand der Bibel zu beantworten. Die Frage der Ehescheidung kann auf keine andere Weise autoritativ beantwortet werden. Die Sache wird aber nicht schon dadurch geregelt, daß man einen Bibelvers zitiert. Der Sinn und die Bedeutung einer Bibelstelle müssen deutlich gemacht werden.

Das braucht Zeit. Erst wenn eine biblische Wahrheit *verstanden* wird, hat sie für den Glaubenden volle Autorität.

Die Autorität des Seelsorgers besteht darin, daß er der Bibel treu ist und alles, was er sagt, auf ihrer Botschaft beruht. Wenn die Wahrheit, die er entfaltet, in seinem Leben sichtbar wird, verleiht das der Botschaft keine weitere Autorität, aber es verleiht dem Botschafter Autorität. Der Einklang der Botschaft in Wort und Leben des Botschafters *beweist* dem Ratsuchenden die Durchführung und die *Möglichkeit* des Gehorsams gegenüber dem Wort und zeigt ihm, wie er es verwirklichen kann.

Ein guter Seelsorger wird immer die Wahrheiten, an denen nicht zu rütteln ist, von den Wahrheiten unterscheiden, zu denen er selbst noch Fragen hat. In diesem Fall wird er sagen: „Ich meine ...", während er im ersten Fall ganz klar sagen wird: „Gott sagt ...". Da der Lehrer des Wortes einem strengeren Urteil unterworfen sein wird (Jakobus 3, 1), soll er ganz sicher sein, bevor er mit solcher Endgültigkeit spricht. Aber wenn er sicher ist, soll er nichts weniger tun, als mit Autorität zu sprechen.

Es wird sich als Segen für die Krisenseelsorge auswirken, wenn der Seelsorger sich viel Zeit nimmt, regelmäßig in der Bibel zu studieren. Ein Studium der Psychologie bewirkt noch keine Autorität. Dazu muß man in der Bibel zu Hause sein. Sonst wird ein Seelsorger unter dem Druck von Krisen anderer selbst zum schwankenden Rohr.

Ein Mensch in der Krise will wissen, was unbeweglich ist, wenn alles auseinanderzufallen droht. Er braucht einen festen Standpunkt. Der Seelsorger muß ihm im Namen Jesu behilflich sein, daß seine Füße auf einen Felsen gestellt werden (Psalm 40, 3). Autorität ist ein wichtiger Faktor dabei.

Ich möchte hier nicht falsch verstanden werden: Es gibt einen großen Unterschied zwischen Autorität und Autoritarismus. Die Autorität für einen Christen besteht in den Worten und Taten Gottes. Die Begründung solcher Autorität liegt nicht im Botschafter, sondern in seiner Botschaft. Sie weist den Menschen auf Gott hin. Der Autoritarismus dagegen führt von Gott weg und stellt einen Menschen und seine Meinung in den Mittelpunkt.

Die Direktive in der Seelsorge muß konkret sein. Abstrakte und psychologische Begriffe helfen nicht.

In der Seelsorge und in der Predigt besteht immer wieder die Tendenz, verallgemeinernd und abstrakt zu reden. Eine theologische Fachsprache sollte aber nie in der Seelsorge gebraucht werden. Wenn dies einmal unumgänglich ist, muß sie erklärt werden. Noch schlimmer ist es, wenn Prediger versuchen, ihre Seelsorge mit psychologischer Terminologie anzufüllen. Das ist nicht nur unangebracht, sondern die Begriffe werden gewöhnlich auch ungenau und mit verwirrenden Ergebnissen gebraucht.

Warum soll man von einem „Schuldkomplex" reden, wenn sich jemand schuldig fühlt? Ausdrücke wie Neurose, Schizophrenie und Paranoia sind besonders schlimm, da sie an sich schon ungenau geworden sind. Das Wort „Schizophrenie" bedeutet nichts anderes als exzentrisches Verhalten. Dies kann durch erheblichen Schlafmangel verursacht werden, durch Funktionsstörungen des Körpers und vieles andere mehr. Außerdem weist der Gebrauch solcher Begriffe in die falsche Richtung. Sie werden mit der Psychiatrie in Verbindung gebracht und weisen auf deren Lösungen hin. Ausdrücke wie „Sünde" und „Schuld" weisen auf die Lösung hin, die Jesus Christus anbietet.

Wer verallgemeinert, macht es sich zu leicht. Ein Seelsorger, der einem Ratsuchenden sagt, er soll sich seiner Frau gegenüber „mit mehr Liebe verhalten", wird kaum Widerspruch ernten, aber auch nichts bewirken. Verallgemeinerungen helfen nicht weiter. Wenn er aber diesem Mann vorschlägt, einmal in der Woche seiner Frau eine kleine Aufmerksamkeit zu erweisen — nur um ihr eine Freude zu machen — , und wenn seine Frau jeden Versuch beachtet und sich dafür bedankt, können Fortschritte oder der Mangel an Fortschritten festgestellt werden.

Menschen verändern sich nur, wenn man ihnen konkrete Vorstellungen gibt, die sie ganz konkret ausführen. Ein Ehemann kann nicht daran arbeiten, rücksichtsvoll zu werden, aber er kann z. B. seine Socken jeden Tag in den Wäschekorb werfen, statt sie irgendwo liegenzulassen und zu warten, daß seine Frau sich darum kümmert. Sie kann den Verschluß der Zahnpastatube zudrehen, statt sie offen zu lassen.

Das Leben besteht aus tausend kleinen Dingen, die — für sich genommen — nicht sehr wichtig sind. Aber wenn Veränderungen sogar in solch kleinen und doch oft ärgerlichen Gewohnheiten stattfinden, können alle *sehen,* daß Liebe, Fürsorge und Rücksicht damit ausgedrückt werden. Aus kleinen praktischen Änderungen können sich große Umwandlungen in menschlichen Beziehungen ergeben.

An dieser Stelle muß der Krisenseelsorger unübertrefflich sein. Da eine Krise — von ihrer Bezeichnung her — eine Situation ist, die eine Umwandlung erfordert, muß der christliche Seelsorger wissen, wie er die Bibel in ganz konkreter Weise anwenden kann. Er muß lernen, die biblische Wahrheit auf die konkrete Situation zu beziehen, so daß jeder verstehen kann, was Gott fordert. Er darf keine Gemeinplätze anbieten; er muß auf der Ebene arbeiten, wo die Entscheidungen fallen.

Wenn z. B. ein Mann einen Ehebruch eingesteht und sagt, daß er Buße tun und seine Ehe wieder aufbauen will, genügt es nicht, diese Angelegenheit nur in abstrakten Begriffen zu besprechen. Der Seelsorger wird darauf dringen, daß beide Partner den Charakter der Buße verstehen: Daß der Mann nicht nur die Vergebung Gottes sucht, sondern auch die Vergebung seiner Frau. Und daß die Frau die Vergebung als

Versprechen versteht, seine Sünde gegen sie zu *vergessen*. Er wird ihr sagen, daß sie die Angelegenheit nicht wieder vor ihrem Mann, vor anderen oder vor sich selber erwähnen darf.

Gerade der letzte Punkt ist so schwierig: nicht daran zu denken, kein Mitleid mit sich selbst zu haben und auf ihn böse zu sein. Daran muß *konkret* gearbeitet werden. Der Seelsorger wird ihr vielleicht vorschlagen, ein volles Tagesprogramm zu entwerfen, damit sie keine Zeit zum Grübeln hat. Sie könnte eine *Gedankenliste* nützlicher Themen im Sinne von Philipper 4 herstellen, die sie mit sich trägt und gebraucht. Wenn sie wieder ins Grübeln zu geraten droht, kann sie schnell ihre Liste herausholen, den nächsten Punkt nachschlagen („Den Speiseplan für den Camping-Urlaub machen") und damit anfangen.

Die Buße des Ehemannes soll sofort und konkret akzeptiert werden: „Wenn Sie Ihre Ehe auf eine ganz neue Grundlage stellen wollen, fangen Sie gleich damit an. Zuerst sollten Sie und Ihre Frau diese Woche eine Liste von mindestens 50 — 100 konkreten Punkten aufstellen, wo sich Ihre Ehe ändern muß. Nächste Woche werden wir damit anfangen, diese Punkte einzeln zu bearbeiten.[3]

Als die Leute zu Johannes dem Täufer strömten und fragten: „Was sollen wir tun?" sagte er den Zöllnern, daß sie mit dem Stehlen aufhören sollten; den Soldaten, daß sie dem Mißbrauch ihrer Macht ein Ende machen sollten usw. Seelsorger müssen *konkret* sein. Der Buße soll die spezifische „Frucht der Buße" folgen. Der Seelsorger muß in solchen Situationen nicht nur *wissen, wie* die von der Buße erforderten Umwandlungen erreicht werden können, sondern er soll sie auch *aufzeigen*.

Wenn jemand den Seelsorger aufsucht, dann um das *Wie* zu lernen. Das Wie ist die Anwendung der biblischen Botschaft in konkreten Situationen. Aber das ist der schwierigste

---

3 Zum Thema „Seelsorge in Ehe und Familie" vergleiche „Christsein auch zu Hause".

und mühsamste Teil der Seelsorge. Deshalb schrecken viele Seelsorger davor zurück. Und doch braucht der Ratsuchende im Konkreten am dringendsten Hilfe. Es ist zwar schon hilfreich, eine Übersicht der Prinzipien zu geben, die die Lage des Hilfesuchenden verdeutlichen. Aber es ist grausam, wenn man den Ratsuchenden gerade an dem Punkt im Stich läßt, wo diese Prinzipien anfangen könnten, sein Leben konkret zu verändern.

Mindestens dreierlei muß geschehen:

1. Die augenblickliche Situation des Ratsuchenden muß so verändert werden, daß er eine Kostprobe davon bekommt, wie das Leben nach der Bibel aussehen kann.

2. Die anstehenden Fragen müssen befriedigend behandelt worden sein, so daß der Ratsuchende die richtige Richtung einschlägt.

3. Ihm muß ausführlich gezeigt werden, wie er die Bibel auf konkrete Probleme anwenden kann. Er soll *bereit und fähig* werden, dies alles selber zu tun.

Die Direktive in der Seelsorge muß tentativ (vorläufig, erprobend) sein

Was unternommen wird, kann oft nur vorläufig sein, nur den Anfang bilden zur Bewältigung einer Krise. Das Hauptziel der Krisenseelsorge besteht darin, die akute Notsituation zu entschärfen und damit den Überdruck abzulassen, um „Explosionen" zu verhindern.
Über die tentative (vorläufige, versuchsweise) Haltung bezüglich der Direktive kann folgendes gesagt werden:

1. Manche Direktiven müssen *vorläufig* sein.
   Wer eine Überdosis Schlaftabletten genommen hat, muß

wahrscheinlich sofort ins Krankenhaus. Wenn jemand betrunken ist, kann keine Beratung begonnen werden — er muß erst wieder nüchtern werden. Wenn jemand wegen mangelnden Schlafs merklich verwirrt ist, dürfte ein gründliches Ausschlafen die wichtigste Direktive sein, die ihm gegeben werden kann. Im Fall eines Ehepaars, das im Begriff ist, sich zu trennen, wird der Seelsorger vielleicht die ganze erste Sitzung damit verbringen müssen, die Ehefrau zu bewegen, ihre Koffer wieder auszupacken. Da alles weitere vorläufig keinen Sinn hätte, wird man einige Vorsichtsmaßnahmen treffen, die den beiden helfen, die nächsten zwei Tage zu überstehen, bis man sie wieder beraten kann.

So könnte man ihnen folgende vorläufige Direktive geben:

a) „Bitten Sie Gott darum, Ihnen zu helfen, den Mund im Zaum zu halten.“

b) „Wenn etwas schiefgeht, schreiben Sie es in diesem Notizheft auf, und bringen Sie es das nächste Mal mit. Versuchen Sie nicht, den Streit selber zu schlichten. Wir haben nämlich noch keine Gelegenheit gehabt zu besprechen, wie man auf Gottes Weise Auseinandersetzungen regeln kann.“

c) „Lesen Sie dieses Buch und schenken Sie dem Kapitel ‚Das wichtigste: Offenheit‘ besondere Beachtung. Das nächste Mal werden wir alles ausführlicher besprechen.“
Solche Direktiven sind nicht optimal, aber manchmal das einzig Sinnvolle, um größeres Unheil zu verhindern. Und vergessen wir nicht: *Irgendeine* Direktive ist notwendig — *auch* wenn sie nur vorläufig ist. Menschen, die zum Handeln entschlossen sind, müssen etwas zu tun bekommen. Sonst werden sie von sich aus etwas tun — wahrscheinlich aber das Falsche.

2. Manche Direktiven müssen *verschoben* werden.

Wenn es möglich ist, manche Entscheidungen oder Handlungen zu verschieben, ist dies im Interesse der Ratsuchenden wünschenswert. Übereilte Entscheidungen in wichtigen Angelegenheiten sollten immer vermieden werden, bis die Krise vorbei ist. Die Frau, die gerade ihren Mann verloren hat, ist jetzt nicht in der Lage, das Geschäft aufzulösen oder irgendwohin zu ziehen. Sie muß dahingehend beraten werden, solche Entscheidungen auf später zu verschieben, wenn sie den Tatsachen nüchtern ins Auge blikken und sie ruhiger bewerten kann. Man muß ihr helfen, die Krisenfragen — d. h. was *jetzt* getan werden muß — von anderen Fragen zu unterscheiden.

3. Der Seelsorger wird dem Ratsuchenden versprechen, daß er ihm später bei der Lösung der weniger dringenden Fragen helfen wird. Manche Direktiven müssen deshalb *vorbereitenden* Charakter tragen. Da ein Ratsuchender, der motiviert und mobilisiert ist, eine Krise zu überwinden, seine Energie auf *irgendeine Weise* verbrauchen will, habe ich darauf hingewiesen, daß der Seelsorger ihm irgendeine Aufgabe geben muß. Der beste Weg ist gewöhnlich der, ihm eine vorbereitende Aufgabe zu stellen, die seine Probleme später leichter lösen hilft. Es geht dabei nicht um bloße „Beschäftigungstherapie", sondern um eine Aufgabe, die zur biblischen Lösung der vorhandenen Fragen führt. Es geht dabei um Aufgaben, die einen Menschen nicht endgültig festlegen, sondern wenn nötig noch geändert werden können und gute Folgen haben.

Soweit wie möglich sollte jede kurzfristige Aufgabe mit langfristigen Zielen verbunden sein. Fragelisten und Zeitpläne sind oft die beste Art vorbereitender Arbeit. In der Zwischenzeit können mehr Daten und Fakten gesammelt und eingeordnet und Pläne entworfen werden. Seine Gedanken und Vorstellungen aufzuschreiben, hilft dem Ratsuchenden, sie zu erklären und erleichtert auch dem Seelsorger seine Aufgabe. Die Vorbereitung von Listen ist zugleich eine Vorbereitung auf ein Handeln, das in ihnen angedeutet und vorgeschlagen wird. Der Seelsorger kann die Listen mit dem Ratsuchenden bei späteren Terminen durchsprechen. Sie können dann u. U. auch noch geändert und verbessert werden, bevor man an die praktische Durchführung geht.

Hier sind einige Beispiele von Listen, die gemacht werden können:

a) Stellen Sie eine Liste mit allen Problemen auf, die Sie auf sich zukommen sehen.

b) Erstellen Sie eine Liste von allem, was durch diese Änderung (das auslösende Moment der Krise) betroffen wird und wie.

c) Schreiben Sie auf, welche Entscheidungen nach Ihrer Meinung in den nächsten drei Monaten getroffen werden müssen. Unterteilen Sie diese in zwei Spalten: a) Entscheidungen, die ich sofort treffen muß; b) Entscheidungen, die ich eine Weile verschieben kann.

d) Legen Sie eine Liste der genauen Ereignisse an, die zu dieser Krise beitrugen.

e) Stellen Sie eine Liste aller Personen zusammen, die von dieser Krise betroffen sind, und sagen Sie, auf welche Weise sie davon berührt werden.

f) Welche Verantwortung haben Sie in dieser Krise: Um welche Verantwortlichkeiten handelt es sich? Wem sind Sie verantwortlich? Was will Gott, daß Sie tun, um sie zu erfüllen?

Die vorbereitende Arbeit bringt Befriedigung und Erleichterung mit sich, weil sie den Druck vermindert. Sie hilft, Aspekte des Problems auszusortieren, und ist der Weg, einen Ansatzpunkt zu finden. Bei dieser vorbereitenden Arbeit wird der Ratsuchende anfangen, Gottes Ausweg aus der Krise zu entdecken.

Konkrete Krisenbeispiele

Um es dem Leser zu ermöglichen, die in diesem Buch darge-
stellten Prinzipien der Krisenseelsorge gleich auszuprobieren,
habe ich im folgenden Teil acht Krisenbeispiele geschildert.
Jeder Fall behandelt eine andere Art von Krise, der ein
Seelsorger möglicherweise begegnen wird.

Ich hoffe, daß durch das Lesen, Diskutieren, Üben und
Bewerten an der Beratung Interessierte lernen werden,
wie die Krisentheorie in die *Praxis umgesetzt* werden kann.

Dazu noch einige Hinweise:

1. Während der Gruppenvorbereitung einer Übung ist es
   vorteilhaft, wenn jedes Mitglied der Gruppe die Rolle des
   Beraters spielen muß.

2. Es ist völlig in Ordnung, wenn man einem Fall Einzelheiten hinzufügt, solange er erstens seine zentralen Probleme und zweitens seinen Krisencharakter behält.

3. Solche Übungen sollten auf einen Zeitraum von höch-
   stens fünfzehn Minuten begrenzt werden, um Zeit für
   Besprechung und Bewertung zu haben. Die Vortragenden
   sollten sich lieber auf gewisse Höhepunkte und *notwen-
   dige* Einzelheiten konzentrieren, als alle Schritte im Seel-
   sorgevorgang zu erklären.

4. Der fünfzehnminütigen Übung sollten mindestens weitere
   fünfzehn Minuten für die Analyse, Bewertung und Kri-
   tik seitens des Lehrers bzw. der Gruppe folgen, wobei
   offensichtliche Stärken und Schwächen betont und Ver-
   besserungsvorschläge gemacht werden.

5. Vergessen Sie nicht, daß diese geraffte Form unvermeidlich zu einer mehr kompakten und deshalb abrupten und etwas unnatürlichen Annäherung an die echte Seelsorgesituation führt. Das muß auch bei der Bewertung berücksichtigt werden.

Die Fragen, die jedem Beispiel folgen, sind Vorschläge und zielen hauptsächlich darauf ab, dem Leser zu helfen, sich auf seine Aufgabe in einer Krisensituation zu konzentrieren.

Krisenfall 1:
„Unser Kind ist mißgestaltet"

Sie nehmen den Telefonhörer ab und hören eine Stimme, die Sie dringend anfleht: „Kommen Sie bitte möglichst sofort ins Krankenhaus. Wir brauchen Sie. Unser Baby ist eben geboren worden. Meiner Frau geht es an sich gut, aber das Baby ist schrecklich mißgestaltet. Der Arzt teilte es meiner Frau vor etwa zwanzig Minuten mit; sie war außer sich. Niemand hier kann sie beruhigen; bitte, kommen Sie. Vielleicht können Sie ihr helfen!"

Robert und seine Frau sind Glieder Ihrer Gemeinde. Es ist ihr erstes Kind. Beide erschienen bisher als sehr beständige Leute.

Benutzen Sie die Informationen dieses Buches, um Antwort auf folgende Fragen zu geben:

1. Was wissen Sie bereits, bevor Sie zum Krankenhaus gehen?

2. Auf dem Weg zum Krankenhaus versuchen Sie, die Hauptziele zu durchdenken, die Sie erreichen wollen. Was sind die Hauptziele?

3. Aufgrund der Ziele entwerfen Sie einen Plan für Ihren Besuch im Krankenhaus. Erklären Sie diesen Plan in einzelnen Schritten!

Übung für ein Seminar: Aufgrund dieser Überlegungen spielen Sie die Begegnung im Krankenhaus durch.

Krisenfall 2:
„Ihr Koffer ist gepackt"

„Herr Pastor, Gott sei Dank, daß Sie hier sind!" platzt Martin in Ihr Arbeitszimmer. „Martha sitzt draußen im Auto und will nicht hereinkommen ... aber sie sagt, sie will mit Ihnen sprechen. Sie werden doch bestimmt etwas Zeit für uns haben?"

„Aber was ist denn los, Martin?" erwidern Sie. „Ich verstehe überhaupt nicht, worum es geht."

„Nun, Herr Pastor, sie sagt, sie will mich verlassen. Ihr Koffer ist gepackt und im Kofferraum des Autos. Ich habe es gerade noch fertiggebracht, sie zu überreden, hier vorbeizukommen. Sie wollte zum Bahnhof. Sie müssen ihr etwas wirklich Gutes sagen, Herr Pastor. Lassen Sie mich jetzt nicht im Stich. Ich liebe meine Frau und will nicht, daß sie weggeht. Bitte sprechen Sie mit ihr — jetzt kommt alles auf Sie an!"

1. Was werden Sie Martin sofort sagen?

2. Wozu werden Sie Martha überreden?

3. Wie werden Sie das tun?

Übung: Lassen Sie den Erzähler die obigen Einzelheiten
berichten. Spielen Sie die Antwort des Seelsorgers
an Martin und seine darauf folgende Begegnung
mit Martha.

Krisenfall 3:
„Ich tauge zu nichts mehr!"

„... Also, ich habe Sie angerufen und Sie darum gebeten, herzukommen", sagt Peter am Ende des Berichts über sein Versagen und seine Schuld. „Es hat keinen Zweck, so weiterzumachen. Alles, was ich tue, mißlingt; meine Frau und meine Kinder würden besser ohne mich auskommen. Ich bin für sie nur ein Klotz am Bein. Ich habe eine Arbeitsstelle nie länger als ein paar Monate, weil ich die Hälfte der Zeit besoffen bin. Wenn ich nüchtern bin, mache ich mir solche Sorgen um die unbezahlten Rechnungen und über das, was ich meiner Familie antue. Wenn Sie mir keinen Ausweg aus diesem Durcheinander zeigen können, bin ich entschlossen, allem ein Ende zu machen. Diese Tabletten werden den Zweck schnell und schmerzlos erfüllen."

1. Wie werden Sie Peter antworten?

2. Was werden Ihre Nahziele sein?

3. Was werden Sie als nächstes versuchen?

Übung: Spielen Sie zwei oder drei Möglichkeiten des Vor-
gehens in dieser Lage. Versuchen Sie, die grundlegenden Elemente zu betonen, die bei Anwendung
jeder Methode mitenthalten sein müssen.

Krisenfall 4:
„Sagen Sie's ihr, Herr Pastor..."

Michael war bestürzt. Er wußte nicht, wie er seine Frau über ihren schlechten Gesundheitszustand unterrichten sollte. Also rief er seinen Seelsorger an und bat Sie, es seiner Frau zu sagen. Die folgenden Worte sind der Höhepunkt ihrer Reaktion:

„Aber, Herr Pastor, ich will nicht sterben! Ich bin erst 43 Jahre alt! Mein Mann braucht mich doch, die Kinder müssen erzogen werden, und... Was soll ich nur tun?"

Sie beginnt fassungslos zu schluchzen und verbirgt ihr Gesicht im Kopfkissen. Vor wenigen Stunden hatte ihr Mann sie zu einer gewöhnlichen Blinddarmoperation ins Krankenhaus gebracht. Als der Chirurg aus dem Operationssaal herauskam, sagte er Michael, daß er mehr gefunden hatte: Krebs. Nach menschlichem Ermessen würde sie nicht mehr lange zu leben haben. Daraufhin hatte Michael Sie angerufen.

1. Analysieren Sie die Situation. Was ist passiert?

2. War es der richtige Zeitpunkt und der richtige Ort, die Frau über ihren Zustand zu informieren?

3. Was können Sie jetzt/später tun, um ihr und Michael zu helfen?

Übung: Beginnen Sie mit Michaels Telefonanruf und beschreiben Sie alles weitere, was über die obige Beschreibung hinausgeht. Zeigen Sie auf, wie ein christlicher Seelsorger mit einer solchen Situation fertigwerden könnte. Die Reihenfolge der Ereignisse kann dabei ruhig etwas verändert werden.

Krisenfall 5:
„Ein dreckiges kleines Luder"

„Aber du hast es getan! Du hast es doch getan!" schrie ihre Mutter. „Du hast gelogen und uns betrogen ... und nun kannst du selbst sehen, wohin es geführt hat!"

„Deine Mutter hat vollkommen recht", sagte ihr Vater zornig, „du bist nichts als ein dreckiges kleines Luder. Stellen Sie sich vor, Herr Pastor, sie sagte uns vor fünf Monaten, daß sie diesen Kerl nie wieder treffen würde, und jetzt entdecken wir nicht nur, daß sie ihn heimlich gesehen hat, sondern als Krönung der ganzen Sache ist sie auch noch schwanger. Was sollen wir jetzt tun?"

Sie antworten: „Ich weiß, daß Sie beide zornig sind, verletzt und zutiefst enttäuscht, aber ... "

1. Wie werden Sie fortfahren?

2. Wie würden Sie den Angehörigen dieser Familie am besten helfen können?

Übung: Führen Sie die Beratung durch.

Krisenfall: 6
„Ich werde sie umbringen!"

„Wie kann er mir so etwas antun? Ich habe ihm die besten Jahre meines Lebens geopfert! Ich schenkte ihm Kinder, erzog sie unter schwierigen Umständen, und jetzt — wo das letzte gerade auf die Hochschule gegangen ist — jetzt, da ich gedacht habe, wir beide könnten wirklich wieder anfangen, unser Zusammensein in neuer Freiheit zu genießen, sagt er mir das! Denken Sie sich, ich bin ihm zu langweilig. Er will mich verlassen. Eine andere Frau steht dahinter. Ich werde sie umbringen, wenn er das tut! Ich werde dieses Flittchen umbringen!

Herr Pastor, was soll ich nur tun? Ich will ihn nicht verlieren. Ich kann ohne ihn nicht leben. Warum hat Gott das zugelassen? Können Sie etwas tun, um es zu verhindern?"

Margret hat ihren Bericht in äußerst erregtem Zustand eben zu Ende geführt. Jetzt sitzt sie bekümmert da und wartet auf Ihre Antwort. Sie sind schockiert. Sie hatten nicht die leiseste Ahnung, daß es in dieser Familie solche Probleme geben könnte. Sie trauen kaum Ihren Ohren. Kurt ist Sonntagsschulleiter in Ihrer Gemeinde und Margret Leiterin der Mädchenjungschar. „Kann bei ihnen so etwas überhaupt möglich sein?" fragen Sie sich.

1. Angesichts Ihrer eigenen Erschütterung und der von Margret, was können Sie im Augenblick am besten tun?

2. Und später?

Übung: Spielen Sie mehr als diese erste seelsorgerliche Be-
         ratung durch.

Krisenfall 7:
„Sie will nicht sprechen und auch nicht essen"

„Seit Stunden sitzt sie so da, Herr Pastor. Wir wissen nicht, was los ist und was wir tun sollen. Sie starrt vor sich hin, will weder sprechen noch essen, noch sich bewegen. Wie ich vorher schon sagte, wir hörten sie nur ausrufen: ‚O mein Gott, nein!' Sie hatte gerade einen Telefonanruf bekommen. Von wem wissen wir nicht. Können Sie uns helfen?"

1. Können Sie's? Wenn ja, wie?

2. Wenn nicht, warum nicht?

Übung: Machen Sie deutlich, was Sie in dieser Situation
          tun und sagen werden.

Krisenfall 8:
„Ich muß hier weg!"

„Er wurde erst letzte Woche begraben, aber schon jetzt fühle ich mich so einsam und vermisse ihn so sehr, daß ich ..." Eine dreiundsiebzigjährige Witwe Ihrer Gemeinde bricht in Tränen aus. Nach einer Weile fährt sie fort: „Das Haus scheint irgendwie so leer. Völlig in Gedanken rufe ich ihn, und dann werde ich inne, daß ich ja gar keine Antwort mehr erhalten kann. Ich sitze an unserem Tisch — allein. Ich schlafe in unserem Bett — allein. Es gibt zu vieles hier, was mich an ihn erinnert. Ich meine, daß es besser wäre, wenn ich weggehe. Ich habe ein paar Makler kommen lassen und habe mich wegen eines Verkaufs erkundigt. Was meinen Sie, Herr Pastor?"

1. Sie hat um Rat gebeten. Was werden Sie ihr sagen?

2. Wie können Sie dieser Witwe jetzt am besten beistehen und sie stützen?

Übung: Die Witwe hat Sie um Rat gebeten. Übernehmen Sie die Leitung des Gesprächs.

Grundkurs für biblische Lebensberatung

Als Prof. Jay Adams 1972 in seinem ersten Buch („Befreiende Seelsorge") Programm und Praxis einer biblischen Lebensberatung in Deutschland vorstellte, war die Zeit reif für ein Umdenken in der Pastoral-Seelsorge. Sein Plädoyer – gestützt auf praktische Erfahrungen in einem von ihm geleiteten Seelsorgezentrum –, Ziele, Maßstäbe und Methoden der christlichen Lebensberatung aus der Bibel zu gewinnen und den Voraussetzungen, Wertvorstellungen und Methoden nichtchristlicher psychotherapeutischer Schulen zu mißtrauen, löste heftige Reaktionen aus.

Bücher von Jay E. Adams

13911 **Befreiende Seelsorge**
Theorie und Praxis einer biblischen Lebensberatung
272 Seiten. Taschenbuch

13912 **Handbuch für Seelsorge**
Die Praxis biblischer Lebensberatung
336 Seiten. Taschenbuch

13913 **Grundlagen biblischer Lebensberatung**
Beiträge zu einer Theologie der Seelsorge
336 Seiten. Taschenbuch

13914 **Seelsorge mit der Bibel / Ich bin am Ende**
Eine praktische Anleitung – Biblische Prinzipien
der Seelsorge in akuten Krisenfällen
Gesamtausgabe
160 Seiten. Taschenbuch

- *Sie stellen die Liebe zu Gott und zum Nächsten in den Mittelpunkt der Beratung.*
- *Sie setzen sich ausführlich mit Beratungsmethoden auseinander, die auf den Prinzipien von Freud, Rogers oder Skinner aufbauen.*
- *Die Theorie einer biblischen Lebensberatung nach Adams hat sich in der Praxis als brauchbar erwiesen (Seelsorgezentrum, Arbeitskreise für biblische Seelsorge).*
- *Adams legt großen Wert darauf, seine Erkenntnisse auch dem Laien zu vermitteln (Verständlichkeit, Fallbeispiele, Skizzen).*

BRUNNEN VERLAG GIESSEN/BASEL

BRUNNEN-Bücher helfen leben

In der Reihe Brunnen Lebenshilfe – Lebensberatung
sind erschienen:

Michael Dieterich
Hilfe bei Depressionen
24 Seiten. Geheftet. 2. Auflage

Reinhold Ruthe
Tips für ein besseres Eheklima
32 Seiten. Geheftet. 2. Auflage

Walter Wanner
Wenn Kinder Sorgen machen
Verstehen und helfen
32 Seiten. Geheftet. 2. Auflage

Joachim Braun
Zwischen Trost und Tränen
Für Trauernde
24 Seiten. Geheftet. 2. Auflage

Walter Wanner
Wie finde ich den richtigen Partner?
32 Seiten. Geheftet

Jay E. Adams
Rezepte gegen das Sorgen
32 Seiten. Geheftet

BRUNNEN VERLAG GIESSEN